人人可学的会计自媒体

江勇 ◎ 著

台海出版社

图书在版编目（CIP）数据

人人可学的会计自媒体 / 江勇著. -- 北京：台海出版社, 2024. 12. -- ISBN 978-7-5168-4067-2

Ⅰ. F713.365.2

中国国家版本馆CIP数据核字第2024D08D79号

人人可学的会计自媒体

著　　者：江　勇

责任编辑：戴　晨
封面设计：思想公式

出版发行：台海出版社
地　　址：北京市东城区景山东街20号　　邮政编码：100009
电　　话：010-64041652（发行，邮购）
传　　真：010-84045799（总编室）
网　　址：www.taimeng.org.cn/thcbs/default.htm
E-mail：thcbs@126.com

经　　销：全国各地新华书店
印　　刷：深圳市龙辉印刷有限公司
本书如有破损、缺页、装订错误，请与本社联系调换

开　　本：710毫米 × 1000毫米　　1/16
字　　数：211千字　　　　　　　　印　张：14
版　　次：2024年12月第1版　　　　印　次：2024年12月第1次印刷
书　　号：ISBN 978-7-5168-4067-2

定　　价：98.00元

版权所有　　翻印必究

作者介绍

江勇，1979年7月生于湖南衡阳，参加长江商学院CEO第15期，8年做到财务总监，创业10年带领公司上市。

开元教育创始人，终身名誉董事长，恒企教育董事长，广州人力资源服务协会副会长，中央财经大学会计学院研究生客座导师，曾获"新浪网2017中国教育行业杰出贡献人物""央广网2017年度教育行业领军人物""新浪网2019年影响力教育人物""工信部中小企业管理领军人才"等殊荣。

2023年，开辟出一条会计人创业致富的新媒体之路。管理全国160个城市分公司，6000+员工；一年120万付费用户；100+全国巡回演讲；抖音开播500+场，总播放量达上亿；"江勇米友荟——会计之家"从0粉起号到收获30万粉，用时不到8个月；现账号每场直播平均场观人数达60000人，在线平均人数1300人，场均评论数2000条。

以23年扎实的会计实践经验，融合数百场直播打磨而出的新媒体实战经验，经过整合、浓缩、总结，凝练出会计自媒体实战教程——《人人可学的会计自媒体》，涵盖基础知识、实操案例、运营技巧、变现逻辑等实战应用的详解，作为一本实操型工具书，让新手看完后即可轻松上手。

前　言

2000年，我大学毕业并参加工作，至今已有24年了。其间我经历了就业和创业两个阶段，就业阶段我用8年时间从一个基础会计人员做到了财务总监，创业阶段则花了10年做到上市公司的董事长。这些年来，无论在工作还是创业过程中，遇到过很多事情，遭遇过很多困难，也获得了一些成绩。我的亲身经历，让我知道风口的重要性。

在数字化时代，信息的传播方式和速度已经发生了根本变化。自媒体作为一种新兴的信息传播平台，以其低成本、高效率、个性化的特点，迅速成为人们获取信息、表达观点、分享知识的重要渠道。会计以其专业性和实用性在社会中发挥着重要作用，将会计专业知识与自媒体载体结合是一个新风口，不仅能够让更多的人了解和学习会计，还能够为会计人员提供一个全新的展示、交流和创收的平台。

截至目前，中国有近4000万会计从业人员，绝大部分都在从事基础的会计工作，真正能够从事财务管理工作的凤毛麟角，目前行业的现状是一方面普通会计人才严重饱和，另一方面高级会计人才严重短缺。会计的行业特征决定了会计人员需要终身学习，因此，会计培训市场发展潜力巨大，预计2024年达350亿元，金融财会类报考人数预计达1400万人次，这里就蕴藏着巨大的商机。

《人人可学的会计自媒体》正是在这样的背景下应运而生。本书旨在为所有对会计感兴趣，或者希望通过自媒体平台传播会计知识的朋友们，提供一份全面、系统的学习指导手册。无论您是会计专业的学生、从业者，还是对会计知识感兴趣的普通读者，本书都将为您提供宝贵的经验和自媒体实战的技巧。

本书共分为四个部分：第一部分直播篇，第二部分直播投流篇，第三部分短视频篇，第四部分短视频投流篇，全文通过对71个实战操作进行详细讲解，帮助会计人员掌握如何做好直播，如何做好短视频，通过一系列的实战操盘和优秀短视频制作，让会计人员逐步精通自媒体，成为自媒体高手。

本书具有以下鲜明特色：

实用性：提供具体的操作步骤和实用技巧，帮助读者快速上手。

系统性：内容全面，涵盖了会计自媒体运营的各个方面。

案例丰富：本书通过丰富的案例分析和展示，帮助读者快速提升实践操作经验。

本书是作者将近两年具体从事抖音短视频直播的实战经验总结。我从2021年就在公司开始布局抖音短视频，前两年主要是通过成立一个抖音部门，聘请专业团队来做，但效果甚微。2022年年底，我决定把抖音业务上升到公司"一把手"战略层面，自己亲自做。从2023年起到现在，我做了400多场抖音直播，在全国各地做了100多场巡回演讲，直接面对面地接触到了无数在各个岗位上默默耕耘的会计人员。他们的发声，他们的倾诉，他们对于会计职业道路上的困惑、不甘和辛酸，每每回想起来都深深地触动着我的内心，使我认识到，对他们的帮助不能仅仅停留在专业课程培训提升实务能力上，更重要的是打开他们的思维认知。那么，带领他们把握短视频新风口也是一个好方向，也能够发挥部分会计人员的专业能力和创作能力，同时还能够提升他们的创收能力，从根本上解决低收入的现状。这也是我创作和推荐这本书最根本的目的。

《人人可学的会计自媒体》不仅是一本书，更是一个起点。作者希望通过本书，能够帮助更多的会计人员掌握自媒体运营技巧，最终实现个人价值的提升和社会影响力的扩大。让我们一起用会计知识点亮智慧之光，用自媒体平台连通会计世界。

愿本书能够成为会计人员运营自媒体的良师益友！

江勇

2024年9月30日于广州

目录 CONTENTS

篇章一 直播

第一章 账号 ········ 002

- 第一节 抖音直播的账号权重 ········ 002
- 第二节 抖音账号的账号标签 ········ 006
- 第三节 抖音直播流量分配原理 ········ 008
- 第四节 直播的赛马机制 ········ 011
- 第五节 直播账号如何快速打上标签 ········ 014
- 第六节 纯新号破冷启动的常见事项 ········ 018
- 第七节 抖音直播间起号的3个阶段 ········ 020

第二章 主播 ········ 022

- 第八节 财会主播声音塑造技巧 ········ 022
- 第九节 财会主播表现力训练 ········ 027
- 第十节 用户画像分析 ········ 029
- 第十一节 影响用户消费的因素 ········ 032
- 第十二节 优质财会对标账号拆解 ········ 035

第三章 工具 ········ 041

- 第十三节 直播工具应用 ········ 041
- 第十四节 高曝光的财会直播场景搭建 ········ 045
- 第十五节 抖店经营方法 ········ 049

第十六节　直播标准化执行流程 …………………………………… 055

第四章　语言技巧 ……………………………………………………… 059
　　第十七节　财会语言技巧五部曲实现高转化 ………………………… 059
　　第十八节　语言技巧脚本制作 ………………………………………… 064
　　第十九节　直播突发负面情况应对策略 ……………………………… 066
　　第二十节　直播规则解读 ……………………………………………… 067
　　第二十一节　直播语言技巧脚本预审 ………………………………… 072
　　第二十二节　直播十大语言技巧 ……………………………………… 075
　　第二十三节　直播场控技能 …………………………………………… 083

第五章　流量 …………………………………………………………… 086
　　第二十四节　直播必备的流量感知能力 ……………………………… 086
　　第二十五节　直播大屏核心数据解读 ………………………………… 089

第六章　复盘 …………………………………………………………… 093
　　第二十六节　直播漏斗图数据 ………………………………………… 093
　　第二十七节　全局策划——运营脚本 ………………………………… 095
　　第二十八节　财会赛道电商带货合格的数据指标 …………………… 097

第七章　玩法 …………………………………………………………… 098
　　第二十九节　财会赛道自然流 7 天起号玩法 ………………………… 098
　　第三十节　财会赛道付费起号玩法——小店随心推 ………………… 101
　　第三十一节　直播行业术语解读 ……………………………………… 102

第八章　直播投流 ……………………………………………………… 107
　　第三十二节　抖音的推广方式 ………………………………………… 107
　　第三十三节　巨量千川的登录入口 …………………………………… 110

第三十四节　巨量千川账户的注册要求 ·············· 113

第三十五节　巨量千川与抖音账号绑定 ·············· 114

第三十六节　巨量千川投放功能模块 ················ 116

第三十七节　投放技巧 ···························· 120

篇章二　短视频

第一章　账号 ·············· 130

第三十八节　会计账号定位 ························ 130

第三十九节　会计账号 IP 设置 ···················· 133

第四十节　会计账号搭建 ·························· 134

第四十一节　会计账号内容定位 ···················· 138

第四十二节　会计账号策划表 ······················ 141

第二章　规则 ·············· 143

第四十三节　会计人必须了解的规则 ················ 143

第四十四节　会计短视频推流审核机制 ·············· 144

第四十五节　会计人要懂的标签机制 ················ 147

第三章　内容 ·············· 150

第四十六节　会计账号内容选题 ···················· 150

第四十七节　会计选题策划表 ······················ 152

第四十八节　会计文案脚本 ························ 154

第四十九节　会计口播文案公式 ···················· 157

第五十节　会计口播文案示例 ······················ 158

第五十一节　会计文案的用户思维 …………………………………… 160

第四章　拍摄……………………………………………………………… 163

第五十二节　会计视频拍摄设置 ……………………………………… 163
第五十三节　会计视频文案提取 ……………………………………… 164
第五十四节　会计视频拍摄提词器 …………………………………… 167

第五章　数据……………………………………………………………… 171

第五十五节　2秒跳出率——会计视频的"黄金2秒" …………… 171
第五十六节　5秒完播率——会计视频的"黄金5秒" …………… 173
第五十七节　整体完播率——会计视频的整体考核 ………………… 174
第五十八节　抖音账号SEO布词 …………………………………… 177
第五十九节　抖音账号SEO布词——提升会计账号的搜索推荐流量 … 181

第六章　经营……………………………………………………………… 185

第六十节　会计人要知道的抖音"四大工具" ……………………… 185

第七章　音乐……………………………………………………………… 186

第六十一节　会计口播视频常用的背景音乐 ………………………… 186
第六十二节　会计作品自检 …………………………………………… 188
第六十三节　会计作品违规检测 ……………………………………… 190

第八章　短视频投流……………………………………………………… 193

第六十四节　会计人员的付费投流工具认知 ………………………… 193
第六十五节　掌握会计投流工具 ……………………………………… 194
第六十六节　DOU+升级说明 ………………………………………… 201
第六十七节　DOU+的作用详解 ……………………………………… 203
第六十八节　DOU+审核问题 ………………………………………… 204

第六十九节　小店随心推 …………………………………………… 206

第七十节　常见的投流问题 ………………………………………… 209

篇章一 直播

第一章　账号

第一节　抖音直播的账号权重

在抖音直播中,"账号权重"是一个核心概念,它直接影响直播间能够获得的流量多少。权重高的直播间在平台的流量分配中占据更高的优先级,优先获得更多的曝光机会,更容易被平台推荐,有机会吸引更多的观众。这不仅有助于增加观众数量,还能提高直播间的互动率和转化率。

一、影响账户权重的四个要素

1. 直播时长和频次

直播时长是指每次直播的持续时间,频次是指直播的规律性。对于新账号来说,建立稳定的直播时长和频次是提升权重的关键。每天定时开播,每次直播时长控制在 1～1.5 小时,让观众清楚地知道什么时候可以观看直播,从而培养忠实粉丝。例如,一个新主播决定每天晚上 8 点开播,每次直播 1 小时。坚持一个月后,有兴趣的观众会开始期待并习惯于这个时间点的直播,从而提高直播间的人气和权重。

2. 平均停留时长

平均停留时长是指观众在直播间的平均停留时间。停留时间是所有互动数据的基础,观众停留时间越长,产生互动的可能性就越大,这直接影响直播间的权重。例如,一个儿童智力开发直播间,通过有趣的亲子内容和互动游戏,使得观众的平均停留时长从 3 分钟提高到 10 分钟，那么这个直播间的权重很可能会得到显著提升。

3. 互动率

互动率包括评论、点赞、关注、加粉丝团、分享等行为的比率，是衡量直播间活跃度的重要指标，也是影响权重的关键因素。评论、点赞、关注等行为都能增加直播间的活跃度，从而提升权重。主播可以通过提问、抽奖、互动游戏等方式鼓励观众参与互动。例如，主播可以每半小时进行一次抽奖，条件是观众在评论区回答一个问题才能参与，这样就会显著提高互动率。

4. 转化率及 UV 价值等

转化率是指直播间的成交数量与进入直播间的观众数量的比率，而 UV 价值则是指每个独立访客对直播间产生的平均价值，这两个指标直接反映了直播间的商业价值。高转化率和高 UV 价值，意味着直播间能够有效地将流量转化为实际的收益，这对平台来说非常有吸引力。例如，某个带货直播间通过精准的产品推荐和专业的产品解说，使转化率从 1% 提高到 3%，同时，通过提高产品单价和附加值，使得 UV 价值从 10 元提升到 15 元，那么这个直播间的权重和吸引力将会大幅提升。

二、账户权重的确定

1. 基础权重

在"基础权重"中，直播历史场次决定下一场开播权重，决定开播 10 ~ 30 分钟推流。它反映了直播历史场次的频率对下一场直播权重的影响。这里提到了直播 10 ~ 30 分钟推流的重要性，并且指出在破冷启动前，权重为 0，需要用"异常数据"来突破。

2. 权重

在"权重"中，需要关注变化的，即每时每刻平台都在排名的，例如 5 分钟、30 分钟、1 小时。这些时间维度的实时排名权重是抖音直播流量赛马机制的重要组成部分。

由表1-1可知,权重受到直播频率、时间等因素的影响。权重的计算是一个动态的过程,不仅考虑了直播的历史表现,还考虑了实时的观众反馈和互动情况。

表1-1 抖音直播间层级与权重

层级	总场观(1小时)	在线人数(1小时)	流速(每5分钟)
E	300–500人	1–8人	33人
D	1000–3000人	30–60人	166人
C	8000–1万人	100–200人	750人
B	3万–5万人	1000人	3333人
A	10万–30万人	3000–5000人	16666人
S	200万人以上	1万人以上	166666人

对于想要提高直播表现和吸引更多观众的主播来说,这些信息是非常有价值的。通过优化直播策略,主播可以提高自己的权重,从而在抖音直播的流量赛马机制中获得更好的排名和更多的曝光机会。

三、提升账号权重的9个要素

抖音平台是根据每场直播的数据转化来决定下一场直播的流量分配。对于新账号来说,意味着直播间需要有新用户停留,才会有持续的推流数据模型产生。要想提升账号权重,可以从以下9个要素考虑。

1. 封面点击率

直播封面的吸引力是吸引用户点击进入直播间的关键因素,高点击率可以带来更多的流量。

2. 新增粉丝

直播过程中增加的粉丝数量,反映了直播内容对用户的吸引力,粉丝越多,权重越高。

3. 新用户点赞量

新用户对直播内容的点赞，是用户对直播内容认可的一种表现，点赞量高可以提升权重。

4. 新用户评论数

用户参与评论的数量，反映了直播的互动性，互动性强的直播更容易获得高权重。

5. 新用户礼物数

新用户在直播中送出的礼物数量，是直播受欢迎程度的一个重要指标，礼物份数多，意味着直播内容比较受用户喜爱。

6. 新用户平均停留时长

新用户在直播间的平均停留时间非常重要，停留时间越长，说明直播内容越吸引人，权重也会相应提高。

7. 在线人数

直播间的在线人数，是直播热度的直接体现，在线人数多，可以提升直播的权重。

8. 平均直播时长

直播的持续时间越长，说明主播投入的时间和精力越多，有助于提升权重。

9. 短视频内容

高质量的短视频可以吸引用户关注，能够间接提升直播权重。

通过上文分析，可以清晰地知道在抖音这样的短视频和直播平台上，直播权重的提升是一个多方面综合作用的结果。主播需要关注直播的各个方面，包括封面设计、内容质量、互动性等，以此来吸引新用户，增加粉丝，提高直播的吸引力和互动性，最终实现权重的提升和流量的增加。

第二节　抖音账号的账号标签

一、账号标签的概念

账号标签本质上就是一个关键词，抖音算法根据账号视频或直播购买、转粉、观看用户的标签，将账号筛选归类，推送给对视频/直播内容感兴趣的用户。如果关键词明确，视频发布或直播推流后很快会被精准目标用户看到。

1. 直播间标签的分类

内容标签：针对你直播间的客单价位平台相对应不同消费实力的人群即是流量是否优质。

电商标签：在你直播间做出消费成交转化动作的用户行为动机平台定义的直播间标签。

2. 用户标签的分类

基础标签：年龄、性别、地域、兴趣爱好。

兴趣标签：对于感兴趣的内容，用户相对应做出的点赞互动停留转粉关注的一系列指令动作而产生的可视化数据。

消费标签：实时动态变化。

二、查看直播间标签的方法

直播间有流量，但是转化率却比较低，可能是直播间标签出了问题。想要修改直播间标签，需要先查询标签，下边介绍3种查询直播间标签的方法。

方法一：巨量百应后台—精选联盟—个人主页设置—查看一下。

你的直播间粉丝＋粉丝团＋账号粉丝需要三者统一，如图2-1所示。

图 2-1　巨量百应后台

方法二：抖音电商罗盘。

查看用户看播画像和成交用户画像是否一致，如果一致，则说明你的流量标签是比较准的，如图 2-2 所示。

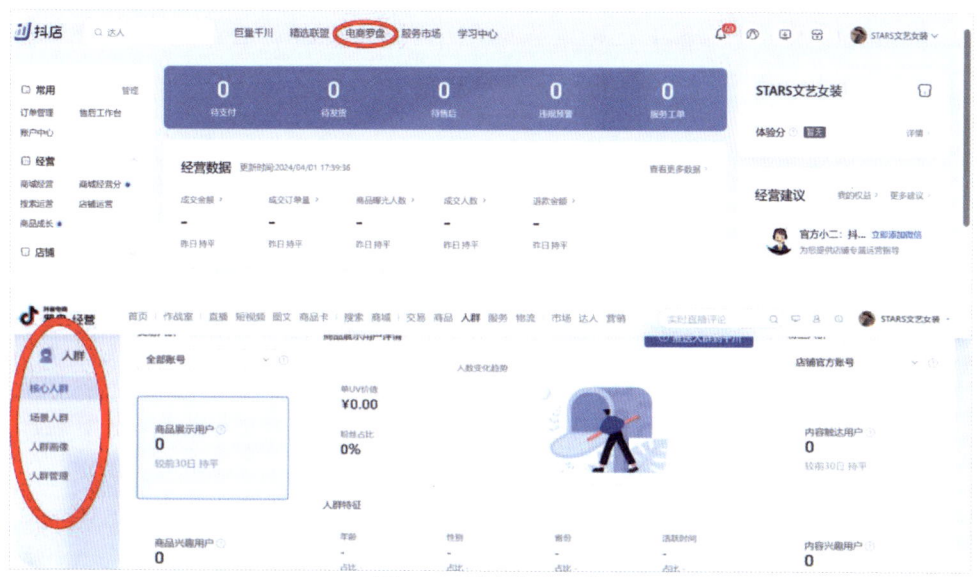

图 2-2　抖音电商罗盘

方法三：抖音电商罗盘的 GPM。

低客单直播间，直播推荐的 GPM 是否达到 500（GPM>500）；中高客单直播间，直播推荐的 GPM 是否达到了 1000（GPM>1000）。如果说都达标，则说明流量转化效率较高，因此流量相对比较精准。

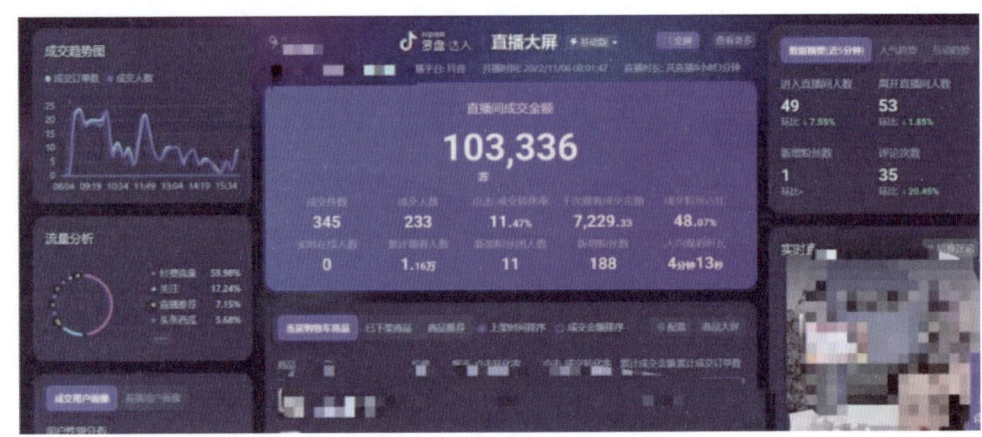

图 2-3　抖音电商罗盘的 GPM

使用以上 3 种方法检查后，如果未达成一致或未达标，则说明直播间的标签一开始就是错的，这时候就需要修改直播间标签。

第三节　抖音直播流量分配原理

关于抖音平台的流量分配原理，本节内容主要从 3 个方面进行探讨。

一、核心流量入口

核心流量入口主要包括抖音平台的四大核心流量入口，分别为推荐入口、精准关键词流量入口、搜索入口和商城入口。

1. 推荐入口

推荐入口是抖音平台最核心的流量入口之一。抖音的推荐算法是根据用户的兴趣和行为习惯，向他们推荐相关内容。例如，某个用户经常观看美食方面的视频，那么抖音会推荐更多类似的美食视频给这个用户。对于美食博主而言，如果发布了一个制作步骤清晰、画面美观的视频，那么抖音可能会将这个视频推荐给经常观看美食制作视频的用户。

2. 精准关键词流量入口

精准关键词流量入口依赖于用户搜索的关键词。比如，一个用户搜索"健身教程"，抖音会展示包含这个关键词的视频。这就要求内容创作者为了提高视频的曝光率，使用精准的关键词来优化自己的视频标题、描述和标签。如果一个健身博主发布了一个关于科学健身的视频，并且使用了相关的关键词，那么当用户搜索"健身教程"时，这个视频可能会出现在搜索结果中。

3. 搜索入口

搜索入口是指用户可以通过搜索特定的话题或标签来找到相关内容。例如，一个用户对"旅行攻略"感兴趣，通常会搜索这个关键词，抖音会展示相关的视频和直播，这些视频可能来自不同的旅游博主。

4. 商城入口

商城入口是抖音电商功能的一部分，用户可以通过这个入口直接购买商品。商城入口的流量很大程度上依赖于用户对商品的点击率。比如，如果一个用户经常点击某个商品，抖音会记录这个行为，并认为该用户对这类商品感兴趣，并推荐更多类似的商品给该用户。

二、抖音电商算法基础

了解了核心流量入口之后，接下来讲解抖音电商算法基础。抖音通过分析用户的行为，把用户划分为 A1 至 A5 这五个不同的人群。

1. A1 人群

这类用户可能看过品牌的短视频或直播间，但还没有进一步参与互动。

2. A2 人群

这类用户对品牌内容有过评论或点赞，表现出了一定的兴趣。

3. A3 人群

这类用户可能搜索或点击过品牌信息，表现出了更加主动的兴趣。

4. A4 人群

这类用户已经购买过该品牌或主播的商品。

5. A5 人群

这类用户是品牌的复购用户，对品牌有很高的忠诚度。

通过人群的划分，抖音平台可以做到精准分类。如果一个用户在抖音上购买了一款化妆品，那么他可能会被归类为 A4 人群。接下来抖音可能会根据他的购买行为，推荐更多类似的商品或直播间。

三、抖音流量分发逻辑

抖音流量分发逻辑主要是了解抖音是如何根据用户的互动率、搜索点击率等因素进行流量分发。

抖音的流量分发逻辑是基于用户的浏览历史、点赞行为、互动情况等因素进行综合考量的。例如，如果一个视频的互动率很高，那么抖音可能会认为这个视频对用户有吸引力，从而将其推荐给更多的用户。又如，某个直播间的观众停留时间超过 45 秒，那么抖音可能会认为这个直播间的内容有吸引力，也会推荐给更多的用户。

在流量分发中还有一些细节需要注意，包括以下 4 点。

（1）推荐周期。抖音的推荐周期通常是 24 小时到 7 天，这意味着内容的新鲜度非常重要。

（2）短视频完播率。这是衡量视频质量的一个重要指标，如果一个视频的完播率很高，那么抖音可能会认为这个视频对用户有吸引力。

（3）互动率。用户的点赞、评论和分享行为都是互动率的一部分，高互动率通常意味着内容更受欢迎。

（4）搜索点击率。用户在搜索结果中的点击行为也是流量分发的一个重要因素，如果一个视频在搜索结果中的点击率很高，那么抖音可能会认为这个视频对用户有吸引力。

总而言之，抖音的流量分配原理是一个复杂的系统，受多种因素影响，包括用户的行为、内容的质量、互动情况等。掌握这些原理，可以帮助创作者更好地优化内容，以便获得更多的曝光和流量。

第四节　直播的赛马机制

赛马机制是抖音平台用来确保内容质量的一种算法机制，通过考核直播间的多个数据指标，来决定内容的优先级和曝光率。对于表现优秀的直播间会获得更多的推荐，而表现不佳的直播间则会减少曝光。关于赛马机制，有3个需要关注的要点。

一、直播间考核数据

主要包括6个方面，具体内容如下。

1. 点赞次数

点赞可以增加直播间的热度，活跃账号，能够提升直播的吸引力，因此，主播每场直播都要鼓励观众点赞。

2. 评论人数

评论是观众参与度的重要指标，一场直播的评论人数至少需要达到观众总数的3%，这样的数据才勉强达标。

3. 付费人数

付费人数是衡量直播间商业价值的关键指标，每当有新增付费用户时，平台就会给予更多的推流。

4. 关注人数

关注人数的增加可以带来更精准的推流,有助于直播间的长期发展。

5. 粉丝灯牌

粉丝通过点亮灯牌来表达对主播的支持,这也是平台考核的一项重要指标。

6. 停留时长

观众在直播间的停留时间也是考核指标之一,停留时间越长,说明内容越吸引人。

例如,有一个专注于美食制作的抖音直播间,主播通过展示烹饪技巧和分享美食知识吸引了大量观众。在直播过程中,主播鼓励观众点赞、评论和分享直播间,通过这些互动,直播间的点赞次数和评论人数达到抖音平台的要求,从而让直播间获得更多推流。

二、流量池层级

抖音平台的流量池分为多个层级,每个层级对应不同的观众人数。层级越高,竞争越激烈,但获得的流量也越大。

对于新直播间或表现一般的直播间,通常都会从初始流量池开始,观众人数在 20~60 人之间,流量池层级可以分为四级。

低级流量池:观众人数在 100~300 人之间。

中级流量池:观众人数在 1000~3000 人之间。

高级流量池:观众人数在 10000 人以上。

顶级流量池:观众人数在 120 万以上。

例如,某个健身直播间,主播通过直播健身课程来吸引观众。在直播过程中,主播不但有互动、点赞等活动,还推出了一些付费服务,如个性化健身计划,吸引了一部分观众付费,这些都有利于推动该直播间从低层级流向高层级发展,从而获取更高级的推流。

三、直播间"推流机制"

直播间的推流机制是一个循环的过程，主要包括以下几个步骤。

1. 停留

观众在直播间的停留是推流的起点。

2. 推流

根据观众的停留时间，平台会决定是否增加推流。

3. 新增

新增观众、新增付费用户和新增关注者都会影响推流。

4. 精准推流

平台会根据直播间的表现，进行精准推流。

5. 下一场直播初始流量

上一场直播的数据会影响下一场直播的初始流量。

开播和下播的时间也会影响直播的效果。一般情况下，开播时间应该选择观众活跃的时段，而下播时间则主要由数据决定，不要盲目增加直播时长。

例如，某个教育直播间的主播通过教授语文课程来吸引学生。在直播过程中，主播通过设置互动环节，通过提问或选择题，提高观众的参与度。这些互动环节不仅增加了评论人数，也提高了观众的停留时长。如果有一些付费课程，吸引了一部分学生付费，那么，更加有利于该直播间推流机制作用的发挥。

通过上述分析，可以看到抖音赛马机制的核心在于鼓励主播创造高质量的内容，并与观众进行有效互动。通过点赞、评论、付费和关注等行为，使直播间获得更多的推流和更高的流量池层级。同时，通过合理安排直播时长，以确保直播内容的质量和观众的观看体验。

总之，赛马机制不仅保证了抖音平台上内容的质量和形式的多样性，同时也提供了一个公平竞争的环境，让优质内容主播更有机会获得成功。

第五节 直播账号如何快速打上标签

本节将剖析在巨量引擎这一领先平台上,如何运用其卓越的数据分析和用户定位技术,打造高效的推广策略。巨量引擎以其强大的数据分析能力和精准的用户定位,成为品牌和商家推广产品的重要工具。在巨量引擎平台上,通过极速推广策略,实现直播间下单和成交的目标。图5-1所示为巨量千川的执行方案分析。

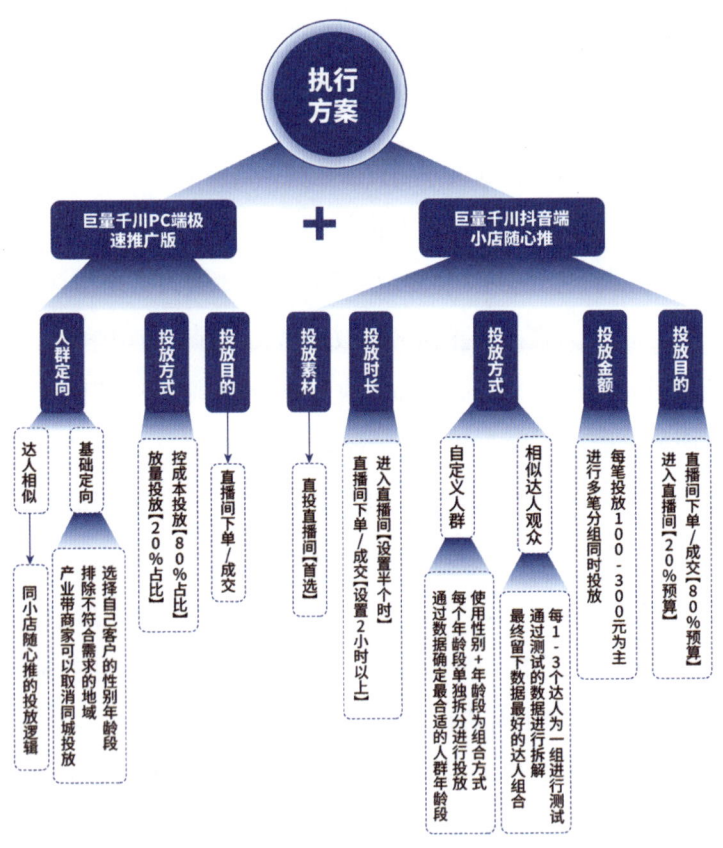

图5-1 巨量千川执行方案分析

一、巨量千川PC端极速推广版

1. 人群定向

（1）人群定向——达人相似。同小店随心推的投放逻辑是一种行为定向方式，它基于用户的兴趣和行为习惯来定位广告。"达人相似"意味着广告系统会寻找与目标用户兴趣相似的"达人"（即有影响力的用户或KOL），并将广告展示给这些达人的粉丝或相似的用户群体，这种方法可以帮助广告主找到更有可能对产品感兴趣的潜在客户。

（2）人群定向——基础定向。性别和年龄段是最基础的定向方式，允许广告主根据目标受众的性别和年龄段来设置广告的展示。例如，如果你的产品主要针对25～35岁的女性，你可以设置广告只展示给这个年龄段的女性用户。

另外，在基础定向中，广告主可以选择排除某些地域，不向这些地区的用户展示广告。这通常用于排除那些不符合产品需求或者物流配送范围之外的地区。

2. 投放目的与投放方式

投放方式的"控成本投放"和"放量投放"是两种不同的广告投放策略，它们各自有不同的特点和适用场景。

（1）控成本投放（80%占比）

①目的：这种投放方式的主要目的是在控制广告成本的同时，尽可能地提高转化率。它适合于那些对广告预算有限制，但又希望获得较高回报的广告主。

②操作：在设置广告时，可以选择"控成本投放"，并设定一个目标转化出价。系统会根据这个出价来优化广告的展示，以确保广告成本不会超过设定的预算。

③适用场景：当你对广告预算有明确限制，或者希望在保持成本稳定的情况下获得稳定的转化时，可以选择此类的投放方式。

（2）放量投放（20%占比）

①目的：放量投放的目的是在一定预算范围内，尽可能地增加广告的曝光量，以吸引更多的潜在客户。这种投放方式适合于那些希望快速扩大品牌知名度或者在特定时间内增加销量的广告主。

②操作：在设置广告时，选择"放量投放"，并设定一个预算上限。系统会在预算范围内尽可能地增加广告的展示次数，以提高广告的覆盖面。

③适用场景：当有特定的推广活动或者需要在短时间内提高产品销量时，可以选择此类投放方式。

二、小店随心推（巨量千川手机版）

1. 投放目的与投放金额

在数字营销的战场上，明确投放目的至关重要，商家可以根据品牌的目标，将80%的预算投入直播间下单/成交，同时保留20%的预算用于直播间的曝光和用户互动。这种预算分配策略，旨在最大化转化率，同时保持品牌在目标用户心中的活跃度，或将80%的预算进行多笔分组同时投放，以及如何通过分组策略来测试和优化广告效果，分组投放不仅能够分散风险，还能通过对比不同组别的数据，找到最有效的推广组合。

2. 投放方式则分为"自定义人群"与"相似达人观众"

利用相似达人观众和自定义人群的策略，来锁定最有可能转化为购买行为的目标用户。通过性别、年龄段等基础定向，结合达人相似度和地域排除，可以更精确地触达潜在客户。

（1）自定义人群：精准的人群定向是提高广告效果的关键，通过数据确定最合适的人群年龄段，每个年龄段单独拆分进行投放，公式为：使用"性别+年龄段"为组合方式；需要确定你想要触达的目标人群的特征，包括性别、年龄段、地理位置和兴趣偏好。根据你的目标人群特征，使用性别和年龄段作为主要的组合方式。例如，如果你的产品主要针对25~35岁的女性，那么你可以设置这一年龄段和性别作为你的目标人群。在巨量千川的后台,选择"自定义人群"选项,随后根据你的营销目标,创建一个新的人群包。你可以上传已有的客户数据,或者根据平台提供的用户数据来创建。利用巨量千川提供的数据分析工具,监控每个人群包的广告表现,关注关键指标,如点击率、转化率和成本效益等。

(2)相似达人观众:最终留下数据最好的达人组合,通过测试的数据进行拆解,每1~3个达人为一组进行测试,可以确定一些与你的产品或服务相关,且表现良好的抖音达人作为参考,这些达人通常拥有与你的目标受众相似的粉丝群体。在巨量千川的后台,选择"相似达人观众"作为投放方式。之后输入你选择的参考达人的抖音账号ID或名称。系统会根据你提供的参考达人,分析其粉丝的特征,包括性别、年龄段、兴趣爱好等,匹配出具有相似特征的用户群体。根据你的营销目标,设置投放的预算、出价、投放时间等参数。确保这些设置符合你的整体营销策略和预算限制,完成所有设置后,启动广告投放。系统将开始向你的相似达人观众群体展示广告。

(3)投放时长与投放素材:投放时长和素材选择对于吸引用户注意力至关重要,分析如何设置合理的投放时长,以及如何选择能够直击用户痛点的素材,无论是选择直投直播间还是精心设计的广告素材,目的都是为了在最短的时间内吸引用户的注意力,并促使他们采取行动。

3. 投放素材

直投直播间的首选是一种广告素材投放策略,它是指直接将广告投放到目标用户的抖音直播流中,以吸引用户进入直播间,因为它通常能够带来较高的用户参与度和转化率。直投直播间可以立即吸引用户的注意力,并且用户可以直接通过点击广告进入直播间,这种即时性和互动性是提高用户参与度的关键。

通过直投直播间,可以迅速提高直播间的曝光率,吸引更多的潜在客户,用户通过广告进入直播间后,可以实时与主播互动,这种互动性可以增加用户的参与感和购买意愿,直投直播间的广告可以根据实时数据进行优化,比如调整广告展示的时间、频率等，以提高广告的点击率和转化率。

4. 投放时长

直播间下单/成交设置2个小时以上，投放时长开始后，在用户进入直播间后持续展示至少2小时，目的是确保用户有足够的时间在直播间内浏览商品、与主播互动，并最终下单或完成购买。进入直播间设置半小时，用户点击广告进入直播间后，投放时长将设置半个小时，这段时间内，用户可能会被直播间的内容所吸引，增加用户参与互动和购买的可能性。

第六节　纯新号破冷启动的常见事项

"大头娃娃"是指抖音为了对新号制造有人的假象，给直播间安排的机器人。同时，平台也分配流量到直播间。但是，因为抖音平台系统还没有捕捉到新直播间的品类标签，导致无法精准推荐兴趣流量。

在这种情况下，主播就要破除这种流量不精准的现象，可以借助DOU+或者随心推等工具买入精准流量，从而撬动精准自然流量进入直播间。

破冷启动可以从3个方面考虑，分别是：纯新号破冷启动、新号开播急速流和直播间注意事项。

一、纯新号破冷启动

对于纯新号来说，直播间可能会遇到没有系统流量，也没有急速推流的情况。这时，主播需要利用钩子资料，针对用户痛点进行深层次挖掘，做基础停留数据，以吸引观众停留。例如，有一个新开的服装直播间，主播在直播时发现系统没有为其分配流量。为了解决这个问题，主播决定使用DOU+来购买精准流量。通过分析目标观众的兴趣和需求，主播选择了一些与服装搭配和时尚趋势相关的话题进行推广。这些动作会使直播间开始吸引到对这些话题感兴趣的观众,从而撬动了精准自然流量的进入。又如,某个美妆直播间的新主播在开播初期遇到了泛流量难题,但主播知道很多观众对去除痘痘感兴趣,于是在直播中详细介绍关于去痘的几种有效方法,并推荐了一些产品。这样,通过针对性的内容吸引了观众的注意,提高了观众的停留时间。

二、新号开播急速流

新号开播时,如果能够迅速转化卡黄线(即进入直播间人数的最高值),则可以在下播时获得更多的流量。这需要主播有强有力的脚本,强调价格、价值和限时限量,不断强调价值感,以此吸引观众。例如,一个健身直播间的新主播在开播时,为了迅速转化卡黄线,采取了强福利脚本的策略。主播在直播中提供了一些限时限量的健身课程,并强调了这些课程的价值和价格优势。这种策略成功吸引了大量观众进入直播间,并在短时间内达到了卡黄线,为下播时获得了更多的流量。

三、直播间注意事项

抖音平台目前不鼓励主播强行憋单,因为这样容易伤害用户体验感,可能会被粉丝举报。例如,某个美食直播间的新主播在直播过程中,为了避免强憋单,采取了在直播中邀请观众参与投票,选择他们最想尝试的菜品的方式进行强互动。然后,主播根据投票结果现场制作菜品,并分享制作过程中的一些小技巧。这种互动方式不仅避免了强憋单的问题,还提高了观众的参与度和观看体验。

对于一个新直播间来说,获取流量是需要策略和技巧的。主播可以通过购买精准流量、利用钩子资料、强调价值感等方式来提高直播间的流量。同时,主播也需要遵守平台的规则,避免强憋单等行为,以保护用户体验。总之,通过不断优化直播内容和互动方式,主播可以在抖音平台上获得更多的曝光机会。

第七节　抖音直播间起号的 3 个阶段

任何一个抖音直播间的起号都经历了 3 个阶段：新手期、成长期和成熟期。每个阶段都会有特定的数据特征和成长结果，因此，主播和团队应该根据自身的情况，关注每一个发展阶段的重点问题。

一、新手期

新手期的数据特征如下。

（1）场观：停留在初始 E 流量池。

（2）在线：个位数。

（3）出单量：个位数。

（4）成长结果：主播技能打磨、团队持久力锻炼、直播流程执行顺畅、平台规则学习。

在新手期，直播间的数据通常不是很理想，场观和在线人数都处于较低水平，出单量也很少。这个阶段的主要目标是让主播熟悉直播流程，学习平台规则，并逐步提升直播技能。例如，有一个新开的服装直播间，主播刚开始直播时，场观和在线人数都非常低，只有个位数。为了提升直播技能，主播开始学习如何更好地展示服装，如何引导观众参与互动，以及如何利用平台的规则吸引更多的观众在线。通过不断实践和学习，主播的直播技能得到了提升，直播间的数据也开始慢慢增长。

二、成长期

成长期的数据特征如下。

（1）场观：在 D、C 流量池停滞不动。

（2）在线：2~3位数。

在成长期，直播间的数据开始有所提升，但可能会面临长期处于某个流量池阶段停滞不前的现象。因此，这个阶段的关键是找到突破口，让直播间的数据能够继续增长。例如，一个美妆直播间处于成长期，场观和在线人数也开始有所提升，但增长速度逐步放缓。为了突破瓶颈，主播开始尝试新的直播内容，比如邀请美妆博主进行合作，或者举办一些互动活动，如抽奖、问答等，以便吸引更多的观众。经过种种努力，直播间的数据开始有了新的增长。

三、成熟期

成熟期的数据特征如下。

（1）场观：在D、C流量池突破且保持恒定。

（2）在线：3~4位数。

（3）出单量：稳定递增。

（4）成长结果：团队配合默契，业绩一场比一场好，可通过矩阵复制化。

在成熟期，直播间的数据已经稳定在一个较高的水平，出单量也在稳步增长。团队成员之间的配合更加默契，业绩也在不断提升。这个阶段的直播间可以考虑复制成功模式，扩大规模。例如，一个美食直播间现在处于成熟期，已经拥有稳定的观众群体和出单量。为了进一步提升业绩，主播开始考虑如何对成功模式进行复制。因此，就会考虑开设更多的直播间，或者与其他美食品牌合作，进行联名直播。通过这些方式，美食直播间的业绩得到了进一步提升。

无论是新手期、成长期还是成熟期，直播间的成长都离不开主播和团队的不断努力和创新。每一个阶段的侧重点也不同：新手期的侧重点是提升直播技能和熟悉平台规则；成长期的侧重点是找到突破口，让数据继续增长；成熟期的侧重点是考虑复制成功模式，扩大规模。

第二章 主播

第八节 财会主播声音塑造技巧

在现代社会,财会主播作为一个特殊的职业群体,他们的声音塑造技巧对于传递信息、吸引听众、建立个人品牌等方面都至关重要。

一、掌握发声原理

主播要想进行声音塑造,需要理解发声的基本原理。这是一个复杂的生理过程,涉及多个器官的协同动作(发声口腔示意图如图 8-1 所示),包括以下几点。

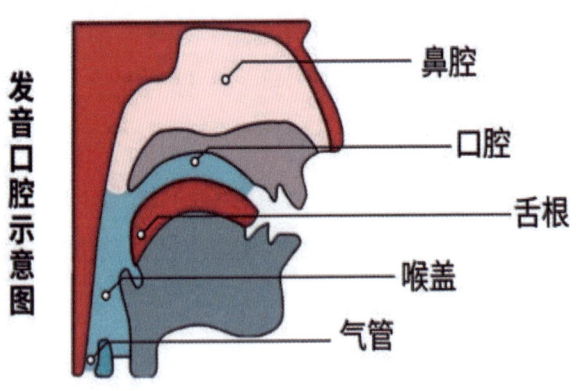

图 8-1 发声口腔示意图

1. 呼吸是基础

呼吸是发声的基础,肺部的运动为声音的产生提供了必要的气流。主播需要掌握正确的呼吸技巧，以确保在长时间的讲话过程中，声音能够持续保持稳定和有力。

2. 气流至喉头振动声带

气流通过喉头时，会使声带产生振动，这是声音产生的物理过程。主播需要学会控制气流的强度和稳定性，以产生清晰和悦耳的声音。

3. 声道共鸣

声音通过喉部后，会在口腔、鼻腔等声道中产生共鸣，这一过程能够扩大和美化声音。主播应该了解如何通过调整口腔和鼻腔的形状来控制声音的共鸣效果。

4. 口腔咬字

清晰的发音对于主播来说非常重要，因为准确的咬字能够让听众更容易理解信息。主播需要练习如何清晰地发出每个音节，特别是在发音复杂的财务术语时。

二、气息训练

气息训练是提高发声质量的关键环节，包括以下几点。

1. 日常体能训练

日常的体育活动，如跑步、爬楼梯等，可以增强肺活量，为发声提供更充足的气流支持。

2. 课堂专业发声训练

在专业的发声训练中，主播可以通过以下练习来提高气息控制能力。

（1）闻花香：通过缓慢、深长的吸气练习，学习如何吸入更多的气流。

（2）吹气球：通过匀速、缓慢、量小而集中的呼气练习，学习如何控制气流的输出。

3. 呼吸过程

正确的呼吸过程应该是吸气时腹部扩张，呼气时腹部收缩，形成"吸气—

大片，呼气一条线"的效果。

（1）发"呲"音：通过发出"呲"音的练习，学习如何保持气流的匀量、匀速和集中，同时保持一定的时长（30~40秒）。

（2）如狗喘气：通过快速、急促的呼吸练习，提高在紧张或高强度发言时的气息控制能力。

三、如何练习和掌握发声

主播要学会用丹田发声，如图8-2所示，通过运用丹田发声来提高声音的质量和力量，让声音更加有力和持久。

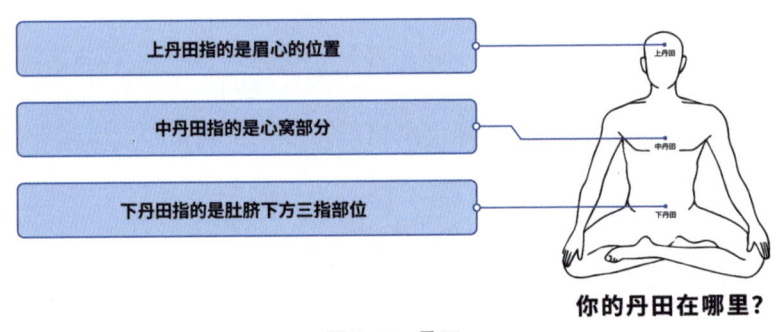

图8-2　丹田

1. 丹田发声的方法

运用丹田练习和掌握发声的方法如下。

（1）深吸气：肩膀放松，深吸一口气，为发声做准备。

（2）弹发音：通过发出"嘿哈"等声音，练习发声的爆发力。

（3）找到丹田用气的感觉：通过咳嗽来体会小腹用气的感觉，这是发声时腹部肌肉的正确使用方式。

2. 丹田发声的练习

主播要更好地掌握丹田发声的技巧，需要从以下几个方面加强练习。

（1）每日练习：建议主播每天进行发声练习，以增强腹部肌肉的力量和控制能力。

（2）呼吸控制：强调呼吸控制的重要性，建议主播在练习时注意呼吸的节奏和深度。

（3）情感投入：主播在发声时加入情感，使声音更具感染力。

掌握了用丹田发声的技巧后，主播还应知道如何控制口腔的变化，增加音质音色。一名优秀的主播需要具备清晰、准确的语言表达能力，以确保复杂的财务信息能够被听众理解。口腔控制是声音塑造和语言表达中的一个重要环节，它直接影响到发音的准确性和声音的质感。

四、口腔控制要求

口腔控制要求通常包括以下几个方面。

1. 颧肌有展宽感觉

（1）颧肌用力向上提：颧肌位于脸颊部位，控制着口腔前上部的开合。在发音时，颧肌用力向上提，可以使口腔前上部有展宽的感觉，这有助于发出更加饱满和响亮的声音。例如，当财会主播在讲解财务报表分析时，需要清晰地发出"利润""亏损"等词汇，颧肌的提拉可以帮助主播更好地打开口腔，使发音更加清晰。

（2）上唇贴紧牙齿：上唇贴紧牙齿有助于控制气流，使发音更加集中和准确。这个动作还可以帮助主播在快速说话时保持发音的清晰度。例如在播报财务数据时，"营业收入增长了15%"，主播需要快速而准确地传达数字信息，上唇贴紧牙齿可以确保"15%"这样的数字发音准确无误。

2. 打开牙关保有一定的距离

（1）打开牙关：打开牙关是指在咬字时，上下槽牙之间保持一定的距离，这样有助于发音更加清晰有力。例如，在讲解会计政策变更时，主播会涉及"折旧""摊销"等词汇，打开牙关可以帮助主播清晰地区分"折"和"旧"，"摊"和"销"的发音。

（2）双侧上后槽牙提起：保持双侧上后槽牙向上提起的感觉，有助于保持口腔的开放状态，这对于发出清晰的声音非常重要。例如，主播讲解"长期股权投资"时，需要清晰区分"长期"和"短期"的发音，双侧上后槽牙的提起可以帮助主播更好地控制这两个词汇的发音。

3. 用舌尖抵硬腭向后舔

舌尖抵硬腭向后舔，可以帮助主播感受到硬腭的具体位置，这个动作有助于控制舌头的位置，从而影响发音的准确性。例如，在解释"应收账款"和"应付账款"的区别时，主播需要准确区分"应收"和"应付"的发音，舌尖的正确位置可以帮助主播清晰地发出这两个相似词汇的发音。

4. 发音时下巴自然内收

（1）下巴自然内收放松：在发音时下巴自然内收，便于保持口腔肌肉的放松，这对于长时间说话的主播来说，是非常重要的。例如长时间财报解读时，主播需要保持声音的稳定性和清晰度，下巴的自然内收可以帮助主播减少疲劳感，以便保持良好的发音状态。

（2）感受日常牙痛时说话的感觉：牙痛时说话的感觉通常伴随着口腔肌肉的紧张和僵硬，主播可以通过模拟这种感觉来锻炼口腔的控制能力。例如，当主播需要强调某个财务指标的重要性时，如"净利润大幅下降"，就可能会通过模拟牙痛时的说话感觉来增加语气的强度和紧迫感。

通过上文分析可知，财会主播的声音塑造需要正确的口腔控制，还要进行持续的练习和应用，从而提升整体的语言表达能力和专业形象。

第九节 财会主播表现力训练

财会主播在进行直播或录制视频时，需要具备良好的表现力来吸引和维持观众的注意力。因此，表现力训练是提高主播专业形象和观众互动能力的重要环节。

一、财会主播整体形象要求

1. 妆容得体

妆容要与会计人员的专业形象相符，不宜过于浓重或花哨，展现出主播的专业性，让观众产生信任感。例如，某财会主播在讲解税务筹划的直播中，选择了淡妆，既保持了专业形象，又显得亲切自然。

2. 穿戴整齐

主播着装要整洁、专业，这样才符合财会行业的特点。例如，一位资深会计师在录制财务分析视频时，穿着正式的西装，这样的着装增强了他的权威性。

3. 肢体动作明确干脆利落

在直播或录制视频时，主播的肢体动作应该清晰有力，避免有过多的小动作，以免分散观众的注意力。例如，主播使用简洁有力的手势来强调关键点，如"增加收入"或"降低成本"，提供这样的动作设计增强信息的传递效果。

4. 讲解自信不怯场

自信的讲解能够更好地吸引观众，不怯场则能够应对各种突发情况。例如，主播在直播中突然遇到技术问题，如果直播没有表现出紧张情绪，而是自信地安抚观众，并迅速解决了问题，这就能够成功的维护主播的形象。

二、财会主播表现力如何训练

财会主播的表现力训练通常分为不露脸镜头练习和台风锻炼两个方面。

1. 不露脸镜头练习

（1）保持手部肢体在直播间画面里。在不露脸的直播中，手部肢体动作成为引导用户关注的重要方式。例如，主播在讲解电子表格时，通过手部动作来指示屏幕上的数据变化，帮助观众更好地跟随主播的讲解进度。

（2）直播物料捕捉。直播中使用的物料应该经过设计，做到摆放得当，既不能超出画面，也不能太小，以免影响观众的观看体验。例如，主播将报表培训讲义整齐地摆放在镜头前，确保观众能够清晰地看到每一页的内容。

（3）美颜与灯光。适当的美颜和灯光可以提升主播的形象，使手部线条看起来更加柔美和精致。例如，主播在直播时使用了补光灯和轻微的美颜滤镜，使得手部动作在镜头下更加清晰和吸引人。

2. 台风锻炼

（1）保持自信。自信是主播成功的关键，日常训练主播可以通过在镜子前进行朗读训练来提升自信。例如，新晋财会主播在直播前反复对着镜子练习，通过自我肯定来增强自信。

（2）紧张、恐惧。主播可以通过模拟练习来克服紧张和恐惧，如和朋友视频讲解直播内容，或面对面找人讲解等方式。例如，主播在直播前会邀请朋友作为观众，模拟直播场景进行练习，以此来适应直播的压力。

此外，财会主播的表现力训练还会涉及形象塑造、肢体语言、语言表达、情绪管理和互动技巧等多个方面，本文就不一一列举了。通过持续的训练和实践，主播可以提高自己的表现力和专业形象，增强与观众的互动，从而提升直播或视频的吸引力和影响力。

第十节 用户画像分析

一、蝉妈妈App的用户画像分析

本节将探索蝉妈妈 App 如何通过收集和分析用户数据，构建出精准的用户画像。通过年龄分布、性别分布和地域分布等多维度数据，揭示用户的基本特征和行为习惯，为后续直播账号用户画像分析带来深度解析，如图 10-1 所示。

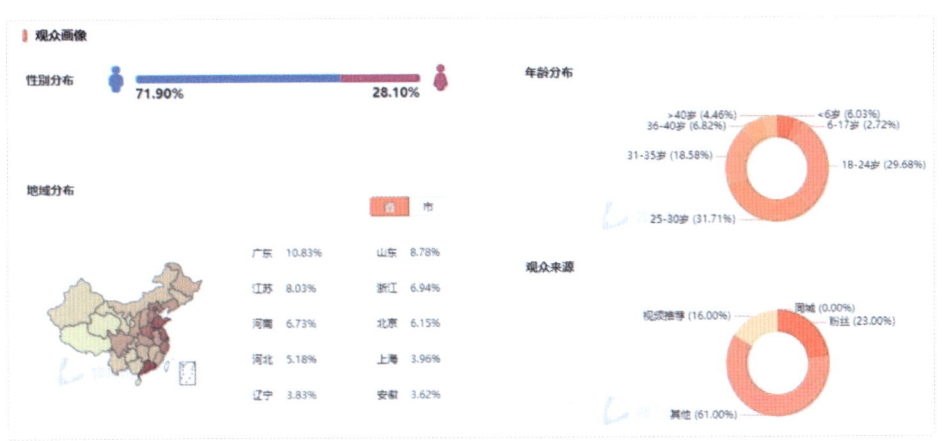

图 10-1 蝉妈妈App的多维度数据

1. 年龄与性别的洞察

通过以上蝉妈妈 App 的数据可以发现 71.90% 的用户为男性，而女性用户占比为 28.10%。年龄分布显示 25～30 岁的用户群体占比最高，达到 31.71%，其次是 18～24 岁的用户占比为 29.68%。这些数据提供了用户基础人口统计信息的重要视角。性别分布对于产品定位和账号内容创作有着显著的指导意义，尤其是在选择推广策略和设计直播内容时。

2. 年龄与性别洞察的营销应用

（1）产品定位。针对年轻用户群体，产品定位应更加年轻化、时尚化，产品设计和推广信息应更符合这一人群的审美与兴趣。

（2）内容创作。直播内容应贴近年轻用户的生活方式和兴趣点，如引入流行文化元素、游戏、科技产品等，吸引和维持此部分人群的注意力。

（3）互动策略。鉴于年轻用户群体通常更活跃于社交媒体，直播间的互动策略应更加多元化，包括社交媒体挑战、话题讨论、用户投票等，以提高用户的参与度。

（4）个性化推荐。利用用户的年龄和性别数据，为用户提供更加个性化的产品推荐，从而提高转化率。

（5）市场细分。针对不同年龄和性别的用户群体制定专门的营销计划，可以更有效地触及目标受众。

（6）地域分布的策略意义。用户地域分布数据显示，山东和广东的用户占比最高，分别为8.78%和10.83%；江苏和浙江紧随其后。这些信息对于制定地域性营销策略和优化物流配送具有重要的参考价值。

在会计直播领域，可借鉴上述用户画像分析的策略，为会计专业人士和学习者提供更加精准和个性化的内容。例如，针对年轻男性用户群体，可以设计更加实用、易于理解的会计课程，同时在直播中加入更多互动环节，如案例分析、实时问答等，以提高用户的参与度和学习效果。此外，针对不同地区的用户，可以提供地区特定的会计法规和税务政策解读，以满足用户的地域性需求。

二、抖音电商罗盘——人群的深度解析

此外，还可以聚焦于抖音电商罗盘工具，分析其如何帮助商家深入了解用户行为，以及如何利用这些数据来提升电商运营效率，如图10-2所示。

1. 观众来源与行为分析

抖音电商罗盘揭示了用户来源的多样性，包括模范推荐、抖店、精选联盟等渠道。了解用户的各类兴趣模型，对于优化广告投放和提升用户参与度至关重要。

篇章一　直播　第二章　主播

图10-2　抖音电商罗盘

2. 核心人群的识别与定位

通过电商罗盘，可以识别出核心人群，包括基础属性、购买喜爱偏好与喜爱内容偏好，商品展示用户、购买保障用户等。这些细分的用户群体为我们提供了更精细化的市场定位和个性化营销的机会。

第十一节　影响用户消费的因素

在直播电商的浪潮中，理解用户的消费行为和心理动机是至关重要的，商品性价比高、价格优惠，以及主播能突出商品价值，是驱动用户在直播间下单的主要因素，旨在为直播电商领域的从业者提供洞察力和策略，以促进销售和增强用户参与度。

一、商品性价比与价格优惠

下面来分析商品的性价比和价格优惠如何成为驱动用户消费的关键因素。性价比高的商品能够满足用户对质量与价格的双重期待，而优惠的价格策略则能够激发用户的购买欲望。在直播过程中，主播需要清晰地展示商品的特点和优势，让用户感受到商品的实用性和耐用性。通过对比市场上类似商品的价格和性能，主播可以帮助用户认识到所推广商品的性价比优势。此外，主播可以通过实际演示、用户评价和专业评测等方式，进一步增强用户对商品质量的信心。价格优惠是另一个强有力的销售工具，限时折扣、优惠券、买一赠一等促销活动，都能够在短时间内提高用户的购买意愿。在直播中，主播可以通过倒计时、强调优惠的稀缺性和紧迫性等方式，来吸引更多用户购买商品。

二、主播的影响力

1. 突出商品价值

主播如何通过讲解来突出产品的价值，是吸引用户下单的重要因素。主播的专业性和说服力，以及对产品认可的自信程度，在这一过程中发挥着至关重要的作用。主播对产品的深入了解是建立信任和权威性的基础。当主播能够详细地介绍产品的特点、优势和使用方法时，观众会感受到主播的专业性，这不仅增加了产品的吸引力，也提高了用户对产品效果的期待。同时，主播对产品的自信是影响观众决策的重要因素。当主播对产品充满信心，他们的积极态度会感染观众，使观众相信产品确实具有所述的价值和效果。

2. 讲到用户痛点

主播在直播前需要对目标受众进行深入研究，了解他们的生活习惯、消费偏好及可能遇到的问题。这种用户研究能够帮助主播在直播中更准确地触及用户的痛点，从而提高直播内容的针对性和吸引力。在识别并讲述用户的痛点后，主播需要提供相应的解决方案。这通常涉及产品的功能介绍和使用场景的展示。主播需要清晰、准确地展示产品如何帮助用户解决他们的问题，这种解决方案的提供是促成交易的"临门一脚"。

3. 可信度

主播的良好可信度和用户对主播长期关注的关系，是建立信任和促进购买的关键指标。主播应该展示其对产品的深入了解程度，包括产品的内容讲解、课程解析、工具使用方法等，这样用户才会相信主播的推荐是基于专业知识而非单纯的销售。

三、心理和社交因素

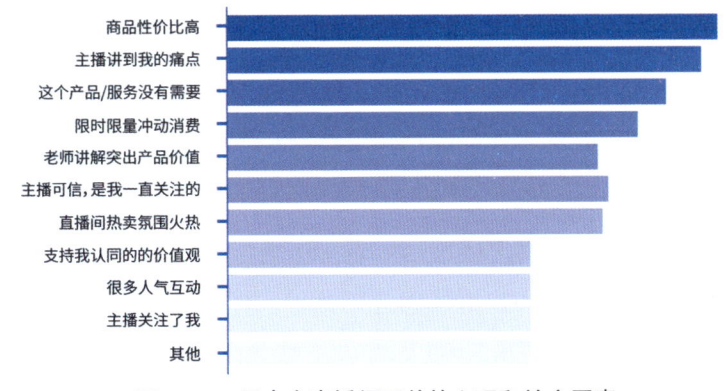

心理和社交因素涉及多个方面，如图 11-1 所示。

图 11-1　用户在直播间下单的心理和社交因素

人人可学的会计自媒体

1. 限时限量冲动消费

限时限量的策略能够创造即时的紧迫感，会激发用户的冲动行为。因为人们往往对稀缺资源赋予更高的价值。当一个商品被标记为"限量"后，它在消费者眼中的吸引力和价值感就会上升。这种稀缺性原理是行为经济学中的一个重要概念，它解释了为何限量版产品往往能够引起消费者的极大兴趣。限时策略通过设置时间限制，迫使消费者在有限的时间内做出购买决定。这种时间压力减少了消费者的思考时间，使他们更容易在冲动的驱使下做出购买需求。

2. 直播间热卖氛围

在火热的直播间氛围中，观众往往会受到群体的影响，更容易受到他人行为的带动，从而做出购买决策。

3. 人气互动

当用户在直播间中进行互动，如提问、评论或参与投票时，他们会感到自己是直播的一部分。这种参与感能够让用户更加主动投入直播内容中，从而更有可能进行购买。直播间的互动可以帮助用户与其他观众建立联系，形成社区感。当用户感觉自己是这个社区的一部分时，他们更有可能支持主播，通过购买产品来表达他们的支持。

4. 价值观的共鸣

用户对价值观的认同是另一个重要的消费驱动因素。当主播或品牌支持用户认同的价值观时，用户更愿意通过购买行为来表达自己的支持和认同。

5. 其他因素

此外，产品的创新性、品牌的社会责任等，在用户的购买决策中也扮演着重要角色。

请根据以下提供的"粉丝画像调研表"模板，选择一个你感兴趣的产品或服务领域，构建一个目标用户群体的详细画像。你需要收集和分析相关数据，以填充以下各个维度的信息。

表 11-1 粉丝画像调研表

粉丝画像调研表	
年龄/区间	
性别	
地区消费习惯与频率	
人群特点	
人群痛点	
人群优势	
客单价	
搜索关键词	

第十二节　优质财会对标账号拆解

在财会直播领域，优质对标账号拆解是一种提升自身直播或视频内容质量的有效方法。通过对行业内表现优异的账号进行分析，主播可以学习到成功的策略和技巧，从而能够快速地提升自己的竞争力。这就要求主播逐步找到对标账号。

对标账号是指在相同领域、相同模式、相同类型的产品下，各项综合数据指标表现优秀的头部账号。通过借鉴和模仿这些账号，可以显著降低试错成本。本节将讲解如何正确寻找对标账号。

一、满足对标的要求

1. 关键词搜索

在抖音等平台的搜索框中输入行业关键词，找到排名靠前的账号。

2. 粉丝量

选择粉丝量在新手期（0～5万）、成长期（5～30万）或成熟期（30万以上）的账号，优先考虑近期涨粉速度快且粉丝质量高的账号。

3. 主播风格人设

选择与自己的风格和人设接近的账号，如简介内容、置顶视频等。

4. 直播间在线人数

直播间在线人数不低于两位数，且使用与自己一样的带货小工具——小黄车。

5. 同一赛道的产品

选择与自己提供的产品相同的账号。

6. 客单价

客单价在同一区间，以确保目标受众的一致性。

7. 平均停留时长

平均停留时长45秒以上，表明内容具有吸引力。

8. 直播核心数据指标

如 UV 值 ≥ 1。

9. 其他第三方平台

如蝉妈妈、飞瓜、抖查查等，也可以按照以上路径寻找对标账号。

二、财会赛道对标账号直播间拆解细则

1. 人设语言技巧

主播通过建立自己的人设，使用特定的语言技巧来吸引观众。

例如，"主播从业会计职业28年，在上市公司做了10年的财务总监"，通过塑造自己的专业人设，使用专业术语和案例来吸引对财务知识感兴趣的观众。

2. 拉新语言技巧

用于吸引新用户的语言技巧。

例如，账号"税务大师"在直播开始时使用"欢迎新来的朋友们，今天我们将分享一些税务筹划的小技巧"等语言技巧。

3. 痛点语言技巧

针对观众痛点进行营销的语言技巧。

例如，账号"会计小助手"在直播时使用"很多小企业在财务管理上都会遇到这样的问题……"等语言技巧来引起观众的共鸣。

4. 产品价值塑造语言技巧

强调产品价值的语言技巧。

例如，账号"财务自由之路"会强调"我们的课程将帮助你实现财务自由"。

5. 场景化营销语言技巧

通过场景化的方式来营销产品。

例如，账号"税税平安"会描述一个具体的税务规划场景，让观众感受到产品的实际应用价值。

6. 保障语言技巧

提供保障和承诺的语言技巧。

例如，账号"会计无忧"会承诺"如果按照我们的方法操作，你的会计工作将变得轻松简单"。

7. 人性语言技巧

利用人性弱点进行营销的语言技巧。

例如，账号"财务解密"会利用人们对财务自由的渴望，使用"你也想不再为钱烦恼吗？"的语言技巧。

8. 福利语言技巧

提供福利和优惠的语言技巧。

例如，账号"会计福利社"会在直播中宣布"今天前10名购买我们课程的朋友将获得额外的税务规划服务"。

9. 活动优惠语言技巧

宣传优惠活动的语言技巧。

例如，账号"财务好礼"会在特定节日或活动期间提供特惠。

10. 开价语言技巧

公布价格的语言技巧。

例如，账号"税务专家"在介绍完产品的价值后，会使用"现在只需要999元，你就可以拥有……"的语言技巧。

11. 上车语言技巧

鼓励观众购买的语言技巧。

例如，账号"会计快车"会使用"抓紧时间上车，不要错过这次机会"来促使观众做出购买决定。

12. 促单语言技巧

促进订单成交的语言技巧。

例如，账号"财务加速器"会使用"现在下单，我们还将额外赠送……"来增加购买的吸引力。

13. 逼单语言技巧

逼迫观众尽快下单的语言技巧。

例如，账号"税税通"会使用"优惠仅限前100名，赶快行动吧！"来制造紧迫感。

14. 知识点讲解语言技巧

讲解专业知识的语言技巧。

例如，账号"会计学堂"会详细讲解会计分录的制作方法，使用易于理解的语言和实例。

15. 留人语言技巧

留住观众的语言技巧。

例如，账号"财务留声机"会在直播结束前预告下次直播的内容，如"下周我们将继续探讨……"。

16. 关注语言技巧

鼓励观众关注的语言技巧。

例如,账号"税务关注者"会提醒观众"如果你觉得今天的内容对你有帮助,别忘了关注我们"。

17. 吸引注意力语言技巧

当在线人数下降时,主播采取的措施。

例如,账号"会计人气王"会通过提问或发起小活动来重新吸引观众的注意力。

18. 互动语言技巧

与观众互动的语言技巧。

例如,账号"财务互动家"会鼓励观众在评论区提问,如"有任何问题,欢迎在评论区告诉我"。

19. 价格对比语言技巧

与竞品进行价格对比的语言技巧。

例如,账号"财务比较家"会展示其服务与市场上其他服务的价格对比,突出性价比。

20. 引导购物语言技巧

引导观众点击购物车的语言技巧。

例如,"买不买没关系,大家可以点击下方小黄车看一下咱们3号链接,性价比会惊掉你的下巴"。

21. 产品背书展示的物料

展示产品背书的物料。

例如,账号"会计认证"会展示其课程的认证证书,以增加产品的可信度。

通过对优质财会对标账号的拆解,主播可以学习到如何构建吸引人的人设,如何有效地与观众互动,如何提高直播间的在线人数和停留时长等关键技能。

人人可学的会计自媒体

这些技能对于提升直播或视频内容的吸引力和转化率至关重要,帮助主播逐步成为财会领域的优秀主播。

第三章 工具

第十三节 直播工具应用

在直播电商领域，有效的直播工具应用对于提升直播效果、优化运营流程、增强用户互动及数据分析至关重要。本节将从以下两个方面进行讲解。

一、熟悉抖音电商四大官方平台

抖音电商官方有四大平台工具：抖店、巨量百应、巨量千川和电商罗盘。四大平台能够实现直播全链路的科学度量和有效归因。

1. 抖店，一站式商家生意经营平台

图 13-1 抖店

抖店为商家提供了一个完整的电商解决方案，包括商品管理、订单管理、店铺装修、营销工具等，如图 13-1 所示。例如，某服装品牌可以通过抖店平台，实现商品的线上展示和销售，同时还可以利用抖店的营销工具，进行优惠券发放和限时抢购活动，这样就可以有效提升该服装品牌的的销售业绩。

2. Buy in 巨量百应，内容营销综合服务平台

巨量百应

- **商家服务**
  海量达人，智能匹配
  精选联盟，拉动增长
  推广结算，灵活定制

- **达人服务**
  精选好货，智能招商
  直播中控，优化经营
  数据参考，生意支撑
  成长体系，全面扶持

- **机构服务**
  绑定达人，动态管理
  四方分佣，灵活结算
  团长招商，撮合服务

高效链接达人/商家/机构一站式内容营销服务

图 13-2　巨量百应

平台通过提供内容创作、广告投放、效果跟踪等一体化服务，帮助商家实现内容营销的最大化，如图 13-2 所示。例如，某位美妆博主利用巨量引擎平台进行内容创作和广告投放，平台通过精准的用户定位和高效的广告策略，可以大幅提升该美妆博主与粉丝互动的频率，有效提升产品转化率。

3. 电商罗盘，全视角专业数据平台

抖店罗盘

- **直播诊断，实时盯盘**
  自播诊断|达人代播|实时直播|直播大屏

- **服务诊断，一站承接**
  服务分析|物流分析|财务分析

- **用户人群，多维分析**
  人群流转|达人分析|人群画像|商家分析

- **流量投放，实时精准**
  流量分析|营销活动

- **商品交易，深度挖掘**
  交易分析|商品分析|商品实时大屏

帮助商家一体化广告投放与整合营销

图 13-3　抖店罗盘

抖店罗盘平台提供全面的数据分析服务，包括流量分析、用户行为分析、销售数据分析等，帮助商家洞察市场趋势，优化运营策略，如图13-4所示。例如，一家食品店铺使用电商罗盘进行销售数据分析，通过分析用户购买行为和偏好，可以及时调整产品组合和营销策略，实现店铺的销售增长。

4. 巨量千川，电商一体化智能营销平台

巨量千川

- **多元流量**
  字节跳动旗下全线产品流量全覆盖，拓展流量边界、信息流、搜索、商城，融合电商场景。
- **投放产品**
  效果广告、品牌广告解决方案、搜索广告
- **投放能力**
  全自动托管(覆盖日常销售和电商场景，稳定ROI提升降低经营成本)
- **创意能力**
  多题材:短视频、直播、图文
  自动化创意生产:直播高光快投、短视频混剪、图文生成等功能
- **数据产品**
  覆盖行业投放洞察、营销效果诊断、广告价值度量的营销数据产品，为商家和达人提供有效的营销策略指导，提升营销能力和效果

图13-4　巨量千川

巨量千川平台提供广告投放、数据分析、用户画像等智能营销工具，帮助商家实现精准营销，如图13-3所示。例如，A电子产品店铺，通过巨量千川平台进行广告投放，平台利用智能算法分析用户行为，优化广告内容，提高了A公司的广告点击率和转化率。

二、用好四大直播工具

那么，如何应用好这些工具，提升直播效果呢？可以从以下 3 个方面考虑，进行合理安排。

1. 直播前的准备

（1）做好商品准备。充分利用好抖店进行商品上架和管理，确保直播时的商品信息准确无误。

（2）做好内容策划。通过 Buy in 巨量引擎进行内容策划和创意设计，制作出能够吸引用户注意的直播预告和宣传素材。

2. 直播中的互动

（1）实时进行互动。利用抖店的营销工具，如优惠券、限时抢购等，激发用户参与直播互动过程。

（2）处理好用户反馈。通过电商罗盘实时监控用户反馈和行为数据，及时调整直播内容和互动策略。

3. 直播后的效果分析

（1）做好数据分析。利用电商罗盘进行直播后的效果分析，包括观看人数、互动次数、转化率等关键指标。

（2）做好优化策略。根据数据分析结果，优化直播内容、互动方式和营销策略，进一步提升未来的直播效果。

例如，上文提到的某服装品牌直播，直播前要充分考虑如何在直播中展示服装的多样性和搭配效果，以便吸引用户购买。解决的方案包括：① 使用抖店进行商品管理，确保所有服装款式和尺码齐全；② 利用巨量百应制作服装搭配视频，提前在抖音平台进行预热；③ 在直播中使用巨量千川的智能推荐系统，向用户推荐可能感兴趣的服装搭配；④ 直播结束后，通过电商罗盘分析用户行为，优化后续直播策略。

又如，上文提到的美妆博主直播，需要解决的问题是：如何在直播中展示化妆技巧，提高用户的参与度和购买意愿。解决的方案包括：① 在直播前，通过巨量百应制作化妆教程视频，吸引用户关注；② 直播中，利用抖店的营销工具，如限时折扣，鼓励用户购买推荐产品；③ 使用巨量千川进行用户画像分析，了解用户偏好，有针对性地推荐产品；④ 直播后，通过电商罗盘分析直播数据，评估直播效果，为下一次直播做准备。

总之，直播工具的应用对于提升直播电商的效果至关重要，通过合理利用抖音电商的四大官方工具，主播可以更好地管理商品、策划内容、与用户互动、有效进行数据分析等，从而优化直播策略，提升直播的吸引力和转化率。熟练使用这些工具，可以帮助主播在激烈的直播电商竞争中脱颖而出。

第十四节　高曝光的财会直播场景搭建

一、直播设备的选择

1. 直播手机设备

苹果手机：iOS 11 及以上。

安卓手机：华为/小米/ViVO/OPPO（最好是近两年的新款，价格 3000 元以上，保证摄像头像素高清且不卡顿）。

直播手机支架：桌面款即可。

2. 直播电脑设备

推荐以下配置：

CPU：i5-12400F 或 i5-12490F

内存：双通道 16G DDR4 3200MHZ

主板：H610 或 B660（华硕重炮手、微星迫击炮）

显卡：RTX2060 或 RTX3050

固态硬盘：西部数据 1TB SSD 固态硬盘 M.2 接口 PCIe4.0

机箱：长城本色 K-13 电脑游戏机箱

电源：全汉 (FSP) 额定 550W Hydro GD550 金牌电源

散热器：超频三 (PCCOOLER) 东海 R4000

二、场景搭建

直播间场景的好坏，直接体现在直播间的推荐页面上，影响着用户是否愿意点击进入，也影响着用户进入直播间后，是直接滑走还是停下来继续观看。所以，打造一个优秀的直播间场景，是做好直播间运营的第一步，如图 14-1 所示。

图 14-1　场景示例

新账号想要取得突破，要从场景搭建上另辟蹊径。下面通过场景搭建的 6 个要素介绍低成本高效率地搭建一个直播间的做法。

要素一：直播场地。

个人直播间一般可控制在 8～15 平方米，多人团队配合型直播间多控制在 20～40 平方米。在选择直播间场地时，一定要测试场地的隔音和回声情况。

要素二：直播背景。

直播背景需要与直播内容相契合，例如会计考证的刷题库、主讲会计做账、实操做账软件、主讲会计初级教材知识点等，如图 14-2 所示。

篇章一　直播　第三章　工具

会计考证的刷题库
以电脑端展示题库

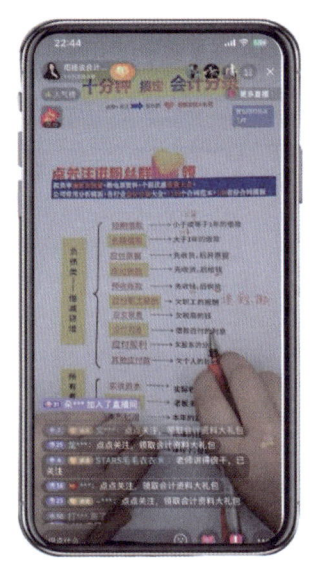

主讲会计做账
以A4纸呈现知识点内容

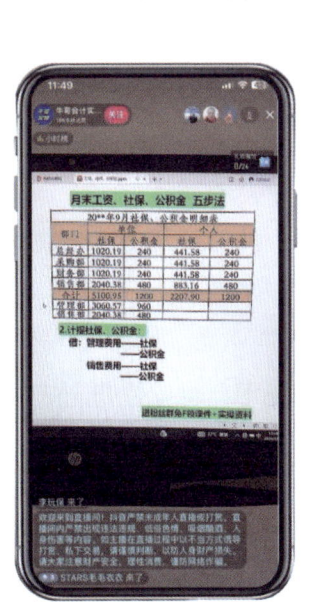

实操做账软件
电脑端操作演示

主讲会计初级教材知识点
黑板题字板书展示

图14-2　直播背景示例

047

人人可学的会计自媒体

要素三：直播贴片。

使用直播贴片有很多好处，主要体现在以下 3 点：有利于打标签；能够吸引精准用户；提升直播间的点击率，如图 14-3 所示。

图 14-3　直播贴片

要素四：灯光配置。

从灯光配置上，直播间需要环形灯、顶光灯、侧光灯、轮廓灯的组合。环形灯与直播支架多是一体的，可以提供基础的灯光来源。

顶光灯需要足够明亮，才能显得整个直播间明亮。顶部光线打下来之后，主播的面部容易有阴影。所以需要补一个面部光源，也就是侧光灯。另外，轮廓灯会让整个人的轮廓显得比较好看。

要素五：直播画面。

当用户进入直播间后，直播画面的冲击会影响用户认知，形成主观印象，其重要性可见一斑。因此，使用道具进行布局，有助于直播间传递产品信息，与用户产生情感共鸣。道具运用要为特定目标服务。

要素六：课程产品。

课程产品和主播是直播间的两个关键因素，直播间场景的搭建要偏向于使用场景，产生较强的代入感，体现其作用，而并不是单纯介绍产品。

直播间对于整场直播有着至关重要的影响，不仅仅关系直播的稳定性、流畅性、清晰度、美观度，甚至还关系着直播间的"曝光—观看率"等核心数据。

第十五节　抖店经营方法

一、入驻开店

第一步：登录抖店官网。

官网地址：https://fxg.jinritemai.com/，建议选择手机号+验证码登录。

第二步：提交资料。

营业执照、法人/经营者身份证明、店铺Logo、其他相关资质证明等。

第三步：平台审核。

资质审核。

第四步：账户验证。

使用银行预留手机号实名验证及对公账户打款验证。

第五步：缴纳保证金。

经营多类目时，按最高金额收取，不叠加。

第六步：开店成功。

二、售前准备

第一步：账号管理。

（1）登录抖音小店后台，在左侧的店铺菜单栏中找到店铺管理。

（2）在店铺管理下方点击"经营账号管理"，这是抖音小店绑定官方账号的唯一入口。

（3）点击"立即绑定"，会弹出抖音的扫码界面，需要使用一个抖音账号进行扫码。

（4）注意：绑定的抖音小店官方账号必须进行实名认证。

（5）打开抖音 App，扫码后需要在电脑端进行确认才能绑定成功。

（6）点击"我已阅读"，确认绑定后，会提示抖音账号已经成功绑定。

第二步：开通支付。

抖店支持 4 种在线支付方式。包括：抖音支付、微信支付、支付宝支付以及聚合账户支付。其中，聚合账户支付是指用户可以通过支付宝、抖音余额和银行卡支付等方式支付商品订单，货款将统一结算到聚合账户中。抖音支付是抖音推出的移动支付解决方案，支持余额支付、银行卡支付等多种支付方式。对于商家而言，开通这些支付方式可以提供给消费者更多的支付选择，有助于提升商品的下单转化率。

第三步：商品管理。

抖店上架商品需要两个步骤：一是创建商品；二是添加橱窗。

第四步：营销设置。包括 5 大营销工具设置。

（1）抖币福袋：抖币福袋是一种通过用户购买福袋获取抖币的方式。商家可以设置不同面额的福袋，用户购买后可以获得相应数量的抖币，进而用于购买商品或享受其他福利。这种工具能够激发用户的参与和消费欲望，增加用户对商品的关注和购买意愿。

（2）超级福袋：超级福袋是一种高价值的福袋，其中包含了更加丰厚的福利和奖励。商家可以根据自身需求设置超级福袋的内容，例如特价商品、限量商品或者独家优惠等。通过提供更高价值的福利和奖励，超级福袋能够吸引用户的关注和购买，提升商品的销售效果。

（3）优惠券：优惠券是一种常见的营销工具，商家可以为特定商品或整个店铺发放优惠券给用户使用。优惠券可以提供折扣、满减或其他优惠方式，以促进用户的购买和复购行为。通过合理设置优惠券的条件和力度，商家可以吸引更多用户购买，并增加用户对商品的忠诚度。

（4）限时限量购：限时限量购是一种通过设定时间限制和数量限制来推动用户购买的策略。商家可以在一段时间内或者指定数量内提供特价商品或限量商品，以制造紧迫感和稀缺性，激发用户的购买欲望。这种工具能够有效地促进用户的决策和行动，提高商品的销售速度和效果。

（5）满减：满减活动可以鼓励用户购买更多商品以达到满减条件，从而提高客单价。设置时，需要确定满减的门槛和优惠力度，比如"满100减10"等。

第五步：装修店铺。

（1）装修入口：登录抖音小店后台，找到"店铺装修"入口，通常在"店铺管理"下。

（2）精选页装修：精选页是店铺的门面，通常包括头图、海报、优惠券和精选商品。需要先创建一个"精选页"版本并确认生效后可以展示。

（3）分类页装修：对商品进行分类，至少创建5个分类，每个分类至少放4个商品。需要先创建一个"分类页"版本并确认生效后可以展示。

（4）商品页装修：商品页通常无需编辑和调整，为系统默认展示，但可以添加商品组件，拖拽"商品"组件到装修页面，并添加或修改展示商品。

（5）大促活动页装修：若店铺有促销活动，可以创建"大促活动页"，设置相关活动元素，并确认生效。

（6）版本管理：创建页面版本时，可以为每个版本命名，注意版本名称不可重复。

（7）编辑和预览：在装修页面，可以通过拖拽组件进行编辑，完成后点击预览查看效果。

（8）保存和生效：装修完成后，点击保存并生效，使页面更新。

第六步：保障服务。

运费险、极速退等都是抖店目前的保障服务。

（1）运费险：运费险是一种保障服务，消费者在购买商品时可以选择购买运费险。如果商品因各种原因需要退货，运费险将覆盖退货的运费，减轻消费者的经济负担。这项服务使消费者在购买时更加放心，尤其是在购买不确定性较高的商品时。

（2）极速退：极速退是指消费者在申请退货时，抖音小店承诺快速处理退货申请，并在确认退货后迅速退款。这项服务通常要求商家提供高效的退货处理流程，以确保消费者能够在最短时间内收到退款，提升购物体验。

三、流程实操

为了帮助商家有效沉淀粉丝，抖店推出了"号店一体"的概念，支持每个店铺绑定唯一的抖音账号作为店铺官方账号，如图15-1所示。

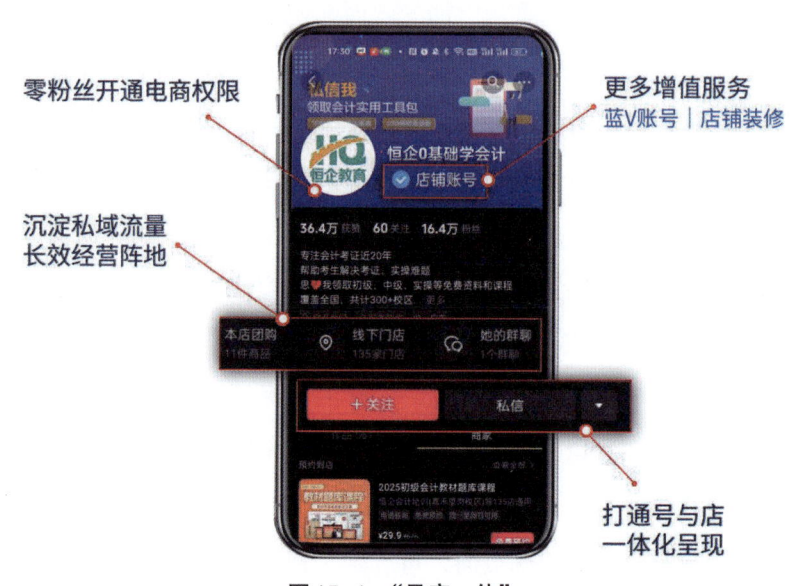

图15-1 "号店一体"

绑定官方账号可以帮助商家增强粉丝信任感，抖店后台数据可以显示绑定官方账号的商家店铺复购率，对于未绑定商家均有一定提升。

设置支付方式：快速入口在抖音后台左侧菜单栏的"支付方式设置"中，如图15-2所示。

图15-2 支付方式设置

绑定官方账号：绑定店铺官方账号的快速入口，抖店后台左侧菜单栏"店铺"—"店铺设置"—"店铺官方账号"，如图15-3所示。

图15-3 绑定店铺官方账号

绑定子账号：抖店后台左侧菜单栏"店铺"—"子账号管理"，如图15-4所示。

人人可学的会计自媒体

图15-4 绑定子账号

下面介绍如何开通商品橱窗。

开通条件：10条作品，500元保证金，1000个粉丝，完成实名认证。

开通步骤："申请带货权限"—"创作者中心"—提交带货资质及实名认证信息—"开通收款账户"—"聚合账户"，如图15-5所示。

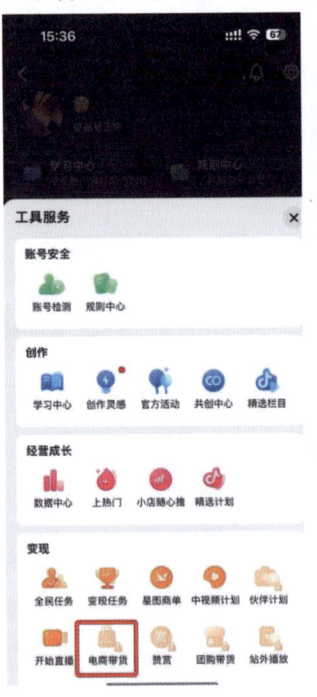

图15-5 开通商品橱窗

第十六节　直播标准化执行流程

直播间检查事项登记表

	序号	内容	是否完成
主播模块	1	主播、助播应注意仪表，带妆上播，不得素颜、油腻	
	2	主播、助播的服装和造型应干净、整洁。符合品牌调性，不得过于随意和休闲	
	3	主播在直播中应注意避免走光，避免穿低胸、深V、透视及裸露文身	
	4	主播工作时严格按照标准化直播脚本进行	
	5	主播至少提前1小时备场，备场工作详见《直播间标准化执行流程》	
	6	主播上一场复盘问题，在下一场直播时必须整改到位	
	7	主播上播时不能情绪化，时刻保持积极状态面对粉丝	
	8	当日直播主推产品及活动需要重点引号	
	9	主播应聚焦产品，避免被粉丝带节奏	
	10	主播讲解福利款的时间不能过长，严格按照脚本规定的时间执行	
	11	主播的促销信息宣传必须准确	
	12	主播和粉丝互动时要更有亲和力	
	13	主播避免被粉丝评论牵着走，破坏自己的讲品节奏	
	14	主播应态度友善，不得和粉丝吵架抬杠	
	15	主播应避免在直播中途离场，如需离场，商开时中控顶场节奏需和主播保持一致	
	16	敏感词注意用拼音代替，别用AABB叠词，例如"美美白白"，应该用"美什么白"或者拼音等	

续表

	序号	内容	是否完成
主播模块	17	主播的语言技巧不得违规,详见《直播间违禁词》	
	18	倒计时环节主播应注意语气状态,保持亢奋急迫	
	19	各时段主播、中控交接时要交接明确数据、样品	
	20	主播换场交接时需为下位主播进行语言技巧引导	
	21	直播结束时主播要预告下场时间,内容要点	
	22	主播不得延迟上播、提前下播	
	23	主播有义务在非工作时段保护嗓子,避免影响下场上播状态	
直播间模块	1	开播前中控应检查网络、电力、设备、样品及小店链接,详见《直播间标准化执行流程》	
	2	开播前主播、中控应沟通好交流手语,准备好各种颜色带字提示牌,提高信息传递效率,实现快速信息沟通	
	3	开播前中控需将灯位设置正确,参数设置提前调好,保持氛围合适,背景和主体层次分明	
	4	开播前中控需调整好机位,保证主播主体构图好看,确定产品展示距离镜头位置合适,与主播进行沟通卡好点	
	5	开播前中控需设置好账号正确开播时间、直播封面、直播话题,详见《直播间标准化执行流程》	
	6	开播前中控要参考对标直播间设置好banner图、贴图,并注意放置位置,不得遮挡主播、商品	
	7	中控应注意检查购物车商品的促销描述信息是否准确,不能误导粉丝	
	8	主播直播时应注意保持产品展示排列造型,保持产品展示好看	
	9	主播讲解产品时中控应及时更换讲解弹窗、贴图,保持同步进行	
	10	主播和中控注意发放优惠券节奏,使用大额优惠券引导粉丝停留,等待0库存商品上架,提升停留时长	
	11	倒计时环节,中控、主播应注意保持积极、亢奋状态喊话	

续表

	序号	内容	是否完成
直播间模块	12	倒计时环节,中控报库存时,注意按在线人数的20%报商品剩余量	
	13	更换主播时,中控应及时根据上场的主播调整机位、滤镜参数	
	14	中控需负责操作气氛组进行正向引导,合理当"托儿"	
	15	直播间不得超过5秒没有声音,主播、中控应及时活跃气氛、讲解产品,并与观众互动	
	16	直播运营要根据直播脚本流程盯紧全场直播节奏,保持整场直播按脚本进行	
	17	直播运营需及时注意短视频数据、成交数据、投放数据、支付信息、互动弹幕等维度实时变化,及时调整产品、节奏、互动等策略	
	18	直播运营要根据主播的状态做好直播排期,保持主播以最佳状态上播	
货品模块	1	对每款产品的卖点、痛点及用户人群都要有严谨的总结分析	
	2	每款产品都要有标准的讲解语言技巧,主播应严格按照规范讲解产品	
	3	对全盘商品要定义福利款A、爆款B、利润款C、D、E、王炸款F等	
	3.1	福利款的选择标准:(1)性价比超高,直播价格远低于市场认知价格;(2)泛品,受众人群广	
	3.2	爆款的选择标准:(1)最畅销款;(2)受众面广;(3)库存充足	
	3.3	利润款的选择标准可多选:(1)能和爆款形成互补的品;(2)经典款;(3)具有品牌调性的款;(4)特色款;(5)可能成为爆品的款;(6)客单价中高的品	
	3.4	王炸款选择标准:(1)知名度高;(2)大家都想要;(3)供不应求	
	4	商品讲解顺序应遵循A+B+C/D/E+F公式,其中爆款B的讲解时长要占总播时长的40%以上,争取该品的GMV占整场GMV的50%以上,且A款的讲解时长不宜过长,单次上架要尽量限量	
	5	直播货盘的产品系列和价格要完整、合理	
	6	监测各平台、各直播间同款产品的直播价,避免出现价格不一致的情况	

续表

序号		内容	是否完成
货品模块	7	新品更新频率应和其他直播间或平台保持同步	
	8	定期更换展示样品,保证样品常播常新,做好样品的日常维护	
	9	保证每款商品上播之前的资质、商标、质检报告等相关资料齐全,避免被系统抽检违规	
	10	抖店后台常备爆款产品的链接,以防止出现不可控掉链接的情况	
	11	及时关注商品链接的负面评价,及时处理或更改链接	
	12	清楚每款上播产品的售前、售后相关信息,做到用户问题的及时解答	
	13	每场上播前的产品价格信息应仔细核对品牌方的产品信息表,避免与官方指导价格等信息不一致	
	14	确定每款产品在讲解时的展示方式及相关道具	

第四章 语言技巧

第十七节 财会语言技巧五部曲实现高转化

在细分的财会直播市场上,主播要想从众多的人群中脱颖而出,就需要掌握有效的语言技巧。本节将介绍开场0~8秒钟留人的语言技巧,即财会语言技巧五部曲,分别是:开场预热引导福袋、圈人群、抛话题、要互动、主题铺垫等,掌握每个步骤中的语言技巧,能够有效提升转化效果。

一、开场预热引导福袋

采用有仪式感的方式欢迎观众进入直播间,例如:开场欢迎、人设介绍、每隔3、5、7分钟强调参与福袋活动等。同时,体现人设亮点:××老师、××年、××结果。

1. 我是谁?

【案例】大家好(开场欢迎)!婷婷老师(强调人设)是一位拥有20年丰富实战经验(强调经验)的财务专业人士。在财税管理和财务核算领域积累了丰富的实战经验,精通各类财税政策(强调专业知识),并具备出色的财务分析和数据处理能力(强调核心技能)。直播间粉丝们刷到我的直播间一定不是偶然是必然,来左上角领取大额福袋参与一下,现在在直播间的人数还不是很多,抽中的概率很大(引导福袋)。在直播间老师也希望能够分享实战经验,真正帮助大家在工作中少走弯路,大家觉得老师实在的,可以在左上角点点关注,婷婷老师会在直播间为大家提供实用的财税知识和解决方案。

2. 面对谁？

职场晋升：针对想要在职场中晋升的会计人员。

财税领域兴趣：吸引对财税有兴趣的观众。

3分钟时间：给观众一个时间预期，让他们知道不会花费太多时间。

【案例】在直播间的同学们，如果想在职场晋升，对财税领域有兴趣，想要获取实战经验和深入理解财税政策的，给婷婷老师3分钟时间停留在直播间，一定会有惊喜。

3. 能给粉丝带来什么好处？

【案例】婷婷老师直播间为有需要的同学们精心准备了进粉丝群免费领取4天直播课程（好处1）加3000道VIP题库（好处2）加新版电子资料包（好处3），但是名额有限，先到先得，老师只有10个名额（制造紧迫感）。点关注进粉丝群，数量有限，抓紧时间，来的同学们，这是一次难得的福利，是老师成功帮助200名同学快速上岸的秘籍。

二、"圈"人群

"圈"人群是指确定目标听众，例如职场会计财务人员、会计学生党、预备考证在职会计、企业家、创业者、兼职会计等，如表17-1所示。不同的会计人群，会有自己特定的关注话题。

表17-1　圈人群示例

账号	圈人群
老板说财税	企业家、创业者、中小型商家
记账凭证	具备一定从业经验的职场会计财务人员、会计学生党，预备考证在职会计等
会计分录	具备一定从业经验的职场会计财务人员、会计学生党，预备考证在职会计等
汇算清缴	具备一定从业经验的职场会计财务人员、会计学生党，预备考证在职会计等

三、抛话题

抛话题是指提出吸引人的话题，比如会计领域的最新政策或者常见问题，吸引观众关注，不同赛道的会计人员关注的行业痛点和知识点有所不同。如企业家人群关注的财税话题。如表17-2所示。

表17-2　企业家人群关注的财税话题

板块	序号	内容	备注
财税规范	1	老板年底拿钱回家12种方法	
	2	年底分红、高管年终奖、个税问题	
	3	老板用：公司持股，分红20%个税降为0%	
	4	老板拿钱回家100万，个税11.3%筹划方案	
	5	老板用：公司买100万车，可节省33.6万税	
	6	老板用：公司买房VS个人买房，哪个好？	
	7	案例：利润多1万，企业多交60.25万税	
	8	老板必知的三个税收临界点	
	9	企业常见"历史遗留问题与风险点"	
	10	年底"企业纳税风险评估与自测表"	
	11	税务稽查"常见异常12个指标"	
	12	报表数据"财务报表看经营风险"	
	13	员工社保与工资基数不一致，风险处理？	
	14	企业两账合一，操作3大要点	
	15	增值税、所得税、个税，规划30个绝招	
股权设计	16	股权顶层设计"9大应用关键"	
	17	老板如何稀释分红权，保留控制权	
	18	股权架构"X公司持股10大好处"	

续表

板块	序号	内容	备注
股权设计	19	股份设计"股份比例9条生命线"	
	20	股权2人、3人、4人合伙,比例分配?	
	21	股权代持"常见6大风险与防范"	
	22	老板与人合伙,常签订5个协议(必备)	
	23	股权转让VS增资扩股,老板千万别用错	
分钱激励	24	高效分钱:常见10种分钱弊端	
	25	科学分钱:钱分好了,管理问题解决一半	
	26	年终分红:532分配规则(参考)	
	27	分钱激励:股东、高管、员工,分层级	
融资并购	28	企业融资并购:常见10大财务问题	
	29	提升企业估值:3大应用方法?	
	30	上市如何选择?主版、科创版、北交所	

四、要互动

鼓励观众参与、提问或者回应,这样能够活跃直播间气氛,主播要知道直播间的每一个语言技巧都是为了直播核心数据服务的,要思考清楚自己语言技巧的出发点和目的是什么。这里的语言技巧主要有选择性互动、扣屏式互动、痛点提问式互动3种方式。

1. 选择性互动

"来,看什么叫材料采购,材料采购指的是什么,这种材料比较特殊啊,他特指的是我们已经回到公司,但是还没有验收入库的材料,叫作材料采购,指的是回到公司未验收入库的啊。那我这里再问大家一个问题:未验收入库咱都能确定,如果今天我这个材料已经验收入库呢,已经验收入库的材料,有两个科目来做账,第一个选择原材料这个科目,第二个选择库存商品这个科目,同学们你们选哪一个,你觉得原材料的,咱飘一,觉得库存商品的咱飘2,同学们请作答,我们这里应该选择哪一个科目呢,今天我们已经验收入库的啊,材料,来,你们先做选择,觉得是1的飘1,觉得是2的飘2,我先给大家讲解一下什么叫原材料,什么叫库存商品,我给你们解释完了,你就知道我入库的材料该怎么选了,是不是?"

2. 扣屏式互动

"新进来直播间的同学们,咱们如果有不会做账的,不会写分录,不会借贷关系的,点好关注进来直播间,跟着一起来听,来把'借增贷减'四个字,同学们打到公屏区,对,同学们打得很棒,借增贷减,什么叫借增贷减,如果今天你发现你资产类的科目,在业务当中,金额有增加的,就放到借方的位置,金额有减少的,咱们就放到贷方的位置,对不对,这个借贷关系咱们就区分清楚了。"

3. 痛点提问式互动

"欢迎大家来到老师的直播间,咱们如果有不会做账的,不会写分录,不会借贷关系的,有的,公屏打个'有'字。点好关注进来直播间,跟着一起来听。"

五、主题铺垫

主题铺垫是指为接下来的分享内容做铺垫,比如会计实操技巧分享。列举的干货主题,预告接下来要分享的主要内容。

第一,票据审核。

第二,纳税申报。

第三,费用审核。

第十八节　语言技巧脚本制作

表 18-1　语言技巧节奏与框架

语言技巧模块	时间把控	细分拆解	操作原则	执行动作
开场留人模块		主播状态留人	一秒入戏	主播状态一定要亢奋，直播就是上战场，要有激情
		直播场景留人	同行差异化	人无我有，人有我优，人优我特
		福袋留人	开场发福袋	发全员福袋，人均10、30、50抖币即可；引导语：××老师讲得太好了，快点关注他！开播大福袋，主播开播前3分钟、5分钟，7分钟一定要强调左上角的福袋
		语言技巧留人	什么、为什么、怎么办	我发现直播间好多同学考了两三次初级还是没有过，那为什么会出现这个问题呢？我们应该怎么办？点关注××老师后面都会讲到
		抛话题留人	提出疑问话题	不断抛出本场要讲的知识点和话题，根据目标用户的痛点反推
		互动留人	扣回答	正式内容开始之前，先简单地进行一下调研。同学们，有没有正在备考初级感到迷惑的，零基础想跨行的，甚至下个月就要考试的？
		主题留人	内容概要	分享3个干货：第一票据审核，第二纳税申报，第三费用审核
过渡衔接	10-15分钟	常用语言技巧结构：现象+原因+建议+结果=我发现很多同学，那是什么原因呢？大家知道的扣波1，就是因为你没有掌握正确的学习方法		
中场干货模块	15-35分钟	知识点1	讲透一个知识点+引导加粉和灯牌	利他思维+三点论：总知识点下面3个知识点，在讲解过程中不断增加互动，引导关注，灯牌
		知识点2		在输出语言技巧时，可以要灯牌，但是先别介入带货，可以提前铺垫"种草"
		知识点3		讲解的知识点和最终销售的产品一定是相关的。可以是包含或者递进的关系
		知识点4		边讲解边书写，可以很好地整理思绪，条理清晰，做到优质的可视化展示

续表

语言技巧模块	时间把控	细分拆解	操作原则	执行动作
过渡衔接	10-15分钟		常用语言技巧：感谢+回顾+销售=大家认为老师有没有解答正确，有没有收获？简答回顾一下，刚刚主播给大家讲了那么多，这么多同学都在问，怎么和老师深度学习，大家想要深度地和老师系统学习的，打个"想"字，老师看下有多少人打个"想"字，公屏扣出来	
销售成交模块	20分钟	成交转化	先导+留人	这么多同学想要学习，来，老师花2分钟时间给大家讲解一下课程内容，讲解之后，我继续分享×××内容，好不好？还想要继续听的同学们扣个"好"字，老师看到这么多同学都要继续听，肯定会照顾到每个同学
			塑造价值上车促单	来，大家点击下方小黄车"小雪花"，×的课程老师给大家简单介绍一下，这是当年线下5980元（价格锚点）的初级会计实操课程内容，成功帮助3000多名同学顺利考过初级职称，全部都是干货。今天在直播间只要598元，包括老师一对一答疑，包括老师刚刚所讲到的知识点，都在这个课程里面了，我上个20份吧，先到先得，只有这20位拍下的同学才能够匹配"1v1"答疑服务哈，这是福利价格
			重塑价值	来，还有其他同学对咱们课程不清楚纠结犹豫的，老师再次强调一下，课程的三大价值你能收获什么：1.内容包括会计初级教材，考前密押卷，初级会计精英班解决低效率学习问题；2.课程是长期有效、持续更新的，后续不收一分钱；3.这是一套系统的针对会计小白难考证的解决方案，老师的诸多学员拍下这套课程之后都××样，案例佐证：截图好评报喜等
			逼单环节	共情逼单：老师也是从"小白"过来的，看到过那么多×，特别希望能通过课程帮助你们解决问题，老师专注于这个领域×年，现在×× 逼单环节：拍完了是吗？还有没有需要的同学们，来，助教老师请走一下未付款的，老师再给大家上5份，"5、4、3、2、1！"抓紧去拍
		点对点销售环节	重点在一对一给出方案+成交	来，把你们的问题打在公屏上，老师说下怎么解决，××怎么学？马上×××了，老师的资料拿走，马上去学，抓紧把1号链接拍走，近期要考初级了，无从下手学习的，考题做不明白的，都去点击下方小黄车"小雪花"，抓紧下单，还有3单
过渡衔接	10-15分钟			好的，都拍完了咱们进入下一个阶段，知识点的讲解，老师接下来给大家讲

第十九节 直播突发负面情况应对策略

直播间常见的控评互动方法主要有4种：加关注、扣弹幕、发福袋、付费投流（选择投点赞评论）。

运用好这些控评方法，主播能够有效化解直播突发的负面情况。

本节主要讲解在直播间突遇以下两种负面情况时，主播如何进行应对。

一、直播间突遇停电的应对策略

1. 查看数据

在停电时，先查看直播间的数据，如在线人数。

2. 通知粉丝

如果情况不理想，通知粉丝何时再次开播。

3. 使用应急灯源

在不影响带货的前提下，使用其他光源继续直播。

4. 启动第二个方案

运营在策划时通常会准备第二个方案。

二、链接消失的应对策略

1. 考验应变能力

告诉粉丝商品已拍完，观察粉丝反应，或者告知粉丝找客服登记抢占名额，先到先得。

2. 与运营沟通

直接询问运营情况，共同安抚粉丝。

3. 聚焦讲解知识点

不再带货，而是讲解产品知识。

作为主播，需要不断培养快速反应的能力，保持积极的态度，无论是技术问题、观众反馈还是个人情绪管理，主播都需要有一套有效的策略来应对。通过这些策略，主播可以保持直播间的活跃氛围，提高观众的参与度，最终实现直播的目标。

三、你会出现以下情况吗？

非常紧张，表达不清楚，说话卡顿没逻辑。

不紧张了，但是在线人数极少，没有激情，依旧不好好介绍产品。

老板投钱了，在线1000人，直接就蒙了。

表达很流畅，也很有激情，但是转化为0。

很有激情，但是直播间有很多抨击主播的人，心态影响直播间的节奏。

一切正常，销量不错，很激动，掉以轻心，说了违禁词导致直播间封禁。

我是不是不适合做带货主播？

第二十节　直播规则解读

一、与直播团队有关的规则

1. 助播

助播又名"副播"，是在直播间配合电商主播的助理，负责协助主播补充产品信息点、回答用户问题、引导关注、介绍下单流程、协助调动直播间气氛等。在主播有事需要离开时担任临时主播。

2. 中控

直播过程中负责中控台的操作，比如上架产品、修改价格、红包及优惠券发放、活动中奖粉丝统计、推送视频及贴片，以及与主播配合协助调动直播间气氛等。

3. 运营

运营是直播间的"导演"，负责在直播前组织团队进行选品，制定直播玩法、流程及内容。直播中负责监测实时流量及数据，根据直播情况实时调整直播节奏，指导各岗位人员工作。直播后负责组织团队进行直播复盘，优化直播效果，提出解决方案及建议。

4. 客服

客服是配合直播间的销售，与粉丝进行在线互动；负责粉丝售前的疑问解答，以及售后的发货安排、粉丝售后问题解决等。

5. 投放

投放负责短视频及直播间付费广告投放，对投放成效负责。直播前根据情况制定投放计划，直播中进行投放数据监测，投放后进行复盘总结。

二、与直播间数据有关的规则

1. GMV

Gross Merchandise Volume 简称 GMV，指交易总额。

2. 客单价

平均每个顾客的成交额，计算方法是：

客单价 =GMV/ 直播间有消费的顾客总数

3. ROI

Return On Investment 简称 ROI，指投资回报率。

直播间 ROI 分为"综合 ROI"和"投放 ROI"两种。

综合 ROI 的计算方法是：

ROI = 销售额 / 单场投入成本费用

比如：单场直播成本为坑位费 2 万 + 投放 5 万，ROI 保 1：2，也就是说产品销售额保 14 万。

投放 ROI 的计算方法是：

ROI = 因投放而产生的销售额 / 单场投放成本

比如：单场直播投放 5 万，因投放而产生的销售额为 10 万，投放 ROI 为 1∶2。

4. 在线人数

同一时间点，观看直播间的用户人数。

5. 直播间 PV

Page View 简称 PV，指直播间访问次数。如果一个人反复进入直播间，PV 数值就会上升。

6. 直播间 UV

Unique Visitor 简称 UV，指直播间访问人数。

7. 直播间 UV 价值

直播间 UV 价值就是整体场观和销售额的比值。计算公式是：

UV 价值 = 销售额 / 场观人次

例如，单场直播整体场观为 10000 人，该场 GMV 为 20000 元，则直播间 UV 价值为 2。UV 价值越高，代表用户对直播间的价值贡献越高。相对的，平台也会更愿意给这样的直播间推流。

8. CTR

Click-Through-Rate 简称 CTR，指点击率或点曝比。对于直播来说，指直播间投放广告的实际点击次数（严格来说，可以是到达目标页面的数量）除以广告的展现量（impression）。点击率越高，代表直播间内容/产品对用户的吸引力越高。

9. 直播间人均在线时长

用户在直播间平均停留的时长，是直播间的重要指标之一。

10. ATV

直播间平均在线人数。

11. 人气峰值

人气峰值是指单场直播中最高人气峰值数据。

12. GPM

GMV per Mille 简称 GPM，指直播间平均每一千个观众下单的总金额，常用来衡量直播间的卖货能力。

13. 直播间人气

直播间页面右上角实时显示的在线人数。

14. 商品展示次数

商品展示给用户的次数。直播间内的弹窗、用户点进购物车浏览到商品等都算作展示。

15. 商品点击次数

商品展示给用户之后，用户实际点击商品的次数，也就是用户点击商品进入商品详情页的次数。反映了商品展示及商品、价格等对于用户的吸引力。

16. 转化率

转化率是指直播间成交的订单数量和进入直播间观看的人数的占比，是直播间的重要指标之一。

其中自然流量转化率＝通过自然流量产生的订单数／自然流量观看数。自然流量转化率剔除了付费流量的影响，仅针对直播间自然流量产生的转化进行评估，最能反馈直播间的"硬实力"。

单品转化率为后期选品、排品提供参考。而整体转化率则影响后期抖音平台是否给直播间推自然流量。

17. 粉丝转化率

粉丝转化率也称"转粉率"，是直播期间转化新粉的能力，体现的是直播间人货场对于陌生用户的吸引力。

转粉率 = 新增粉丝 / 观众总数

18. 权重

权重是指直播间的流量层级。权重越高,即流量层级越高,平台推送的流量越多。影响直播间权重的要素是:

(1)直播时长和频次:对于新账号来说,每天稳定开播,每次直播至少2小时。

(2)平均停留时长:在所有的互动指标中,停留是最基础,也是最重要的,因为所有数据的产生都必须以停留为前提。

(3)互动率:包括评论、点赞、关注、加粉丝团、分享等,其中评论大于点赞,但又弱于关注、粉丝团和分享。

(4)转化率及 UV 价值等:这是直播间的"交易指标",代表着直播间对流量能有效使用,能够为平台带来盈利。

19. 小时榜

一小时一计算的榜单,统计该小时内收礼物最多的直播间的排名。

20. 直播广场

直播广场是理论上可以看到所有主播直播间封面的系统展示页面,是抖音 App 直播板块的主页面。

21. 选品六大标准

高性价比(性能符合预期但价格低于想象)、高颜值(同品类/价格中选最好看的)、易展示(能建立"所见即所得"预期的产品)、不挑人的产品(一家老小都用得上)、非计划型消费产品(不会主动搜,但看到会被吸引,产生购买冲动)、准爆款(生命周期较早期的)。

22. 引流款

引流款又名"钩子款",其作用是吸引流量,吸引停留,同时建立新粉丝对直播间及主播的初步信任。例如,有些直播间会采用价格低至 1 元,甚至 0 元的产品,这些就是引流款,帮助直播间拉新。当然,根据直播间销售品类、品牌及粉丝定位的不同，引流款的价格也不一样。

23. 福利款

福利款一般是在直播间做活动的时候提供的，用来回馈粉丝、引导互动。与其他销售渠道相比，价格非常便宜的产品，也可以称为"活动款"或"宠粉款"。这类产品的作用是增强粉丝黏性，提升粉丝留存，吸引粉丝停留，引导互动。福利产品销售上架的时间没有固定的要求，可以根据直播内容的策划，在销售过程中不定时地进行推出。

24. 承接款

承接款也称"过渡款"，是在引流款之后推出的，用于承接直播间流量、用来铺垫爆款或利润产品价格的产品。过渡产品的售价较引流款会高，利润也会较引流款高。过渡产品的推出一般是在引流款之后，爆款或利润款销售之前。例如，直播间 9.9 元引流款之后，再接 19.9 元、39.9 元承接款，后面上爆款 59.9 元、89.9 元产品等。

第二十一节　直播语言技巧脚本预审

在直播电商的快速发展中，语言技巧脚本的质量直接影响着直播的效果和观众的参与度。然而，随着平台规则的日益严格，如何确保语言技巧脚本既吸引人又不违规，成了直播从业者面临的一大挑战。通过学习以下知识，可以了解清楚如何通过预审工具，减少违规风险，同时保持语言技巧的吸引力和创意。

一、减少违规风险的重要性

在直播前进行语言技巧脚本的预审至关重要。违规内容不仅会导致直播中断，还会对账号数据有限流影响。因此，遵守平台规则，提前规避违禁词和不当内容，是直播成功的关键。

二、两个渠道检验脚本

为了确保语言技巧脚本的合规性，通常需要通过多个渠道进行检验。将介绍两个主要的预审工具："轻抖"App 和抖店。

1."轻抖"App

确保语言技巧的合规性是维护直播顺利进行和保护品牌形象的基石。"轻抖"App 提供的违禁词检测功能，为主播们提供了一个便捷而有效的解决方案，如图 21-1 所示。

图 21-1 "轻抖"App 违禁词检测

（1）违禁词检测功能的重要性：在直播过程中，不慎使用违禁词可能导致直播被中断，甚至账号受到处罚，这对主播的信誉和粉丝的观看体验都是极大的损害。因此，提前进行违禁词的检测和修改，是直播前不可或缺的准备工作。

（2）"轻抖"App 违禁词检测功能的操作方法：主播只需在"轻抖"App 的主页上找到违禁词检测功能，便可轻松开始检测流程。该功能的用户界面设计直观易用，主播只需将准备好的语言技巧脚本输入到指定的文本框中即可。

（3）系统自动检测：一旦输入语言技巧脚本，"轻抖"App 的违禁词检测系统将自动进行分析，快速识别出所有可能违反直播平台规定的内容。这个过程不仅高效，而且准确，确保了检测结果的可靠性。

（4）违禁词的标记与修改建议：系统不仅会标记出违禁词，还会提供具体的修改建议，帮助主播理解为何某些词汇会被视为违规，并指导他们如何进行调整。这些建议通常包括替换词建议、语境解释和合规表达方式，使主播能够迅速修改语言技巧，避免违规风险。

2. 抖店

随着直播电商的规范化，平台对于直播内容的监管越来越严格。抖店后台的脚本预审工具能够帮助主播在直播前进行自我审查，避免因违规内容导致的直播中断或账号处罚，保障直播的顺利进行。在抖店后台的直播管理部分，提供了脚本预审工具。主播可以上传语言技巧脚本，系统会进行详细的审核，并反馈可能的问题点。抖店的脚本预审工具操作流程如图21-2所示。

图21-2 抖店违禁词检测

（1）上传脚本：主播登录抖店后台，在直播管理部分找到脚本预审工具。点击上传按钮，选择需要预审的语言技巧脚本文件。

（2）提交检测：上传脚本后，系统会自动对脚本内容进行分析，检测其中的违禁词和潜在的违规内容。

（3）查看反馈：系统检测完成后，会提供一个详细的反馈报告，列出所有可能的问题点，并提供修改建议。

（4）修改脚本：根据系统的反馈，主播可以对脚本进行相应的修改，以确保内容的合规性。

（5）重新提交：修改后的脚本可以重新提交预审，直到系统确认无违规内容为止。

预审工具能够帮助主播快速识别出脚本中的潜在风险点，而且系统会针对每个问题点提供具体的修改建议，帮助主播进行调整。通过预审和修改，主播可以提高对违规内容的敏感度，减少未来直播中类似问题的发生。

第二十二节　直播十大语言技巧

直播语言技巧的重要性在于它能够精准地引导观众情绪和行为，通过精心设计的话语，主播可以有效地吸引并保持观众的注意力，同时促进观众的参与度和互动性，增强观众对主播及产品的信任感，从而提升直播的观看体验和销售转化率。此外，语言技巧还能帮助主播塑造独特的个人风格和品牌形象，使观众在众多直播中脱颖而出，记住主播，为长期的粉丝积累和品牌忠诚度打下基础，以下是一场直播中不同环节的一些直播用语实例。

一、开场欢迎打招呼

直播间刚开播需要开场欢迎打招呼，大致流程如下。

（1）自我介绍。

（2）发福袋。"左上角先给大家发个福袋，大家左上角点点福袋。"

（3）引出直播主题。"'从新手到专家'会计实操之旅。大家好，我是米友荟的会计尹老师，一个拥有13年中小型企业财务负责人经验的专业人士，现在我愿意把我所知道的，全部都分享给你们，帮助你们顺利上手，成为会计实操高手。可能你们当中有些人是零基础的会计新手，也可能有些人是刚从其他岗位转型过来。不论你处于哪个阶段，我都会让你们快速入门，顺利上岗。首先我将会把我在这13年中所积累的经验毫无保留地传授给你们。如果觉得能支持老师的左上角点点关注，咱们一起来直播间交流学习。"

二、活动预告

开场后要告诉直播间用户接下来的活动信息。

（1）商品品类。主播告诉直播间用户本场直播是关于××领域的福利放送，抓住用户的需求。

（2）商品价格。预告直播间的价格比其他渠道便宜或这些商品只做今天这一场，错过了就没有今天的价格/没有返场等。

（3）福利免单。除了正常销售的商品，还有福利抽奖面单或者××元会计实操的好物等着大家。主打客单价低，价值容易被用户感知的商品，给用户看下去的理由。

三、引导关注

引导关注主要是点明为什么要关注、关注主播的收益等信息。

（1）讲解到位有帮助。"在学习之中有疑惑的，为了提高学习效率监督自己，可以点关注一起到直播间边学边刷题，不懂的还能在线提问！"

（2）关注加团参与活动。"一套初级会计资料实操工具包价值399元，今天老师安排5个幸运真爱粉直接给！不花钱。"

（3）粉丝优先拍。"这个课程的售后1V1助教老师陪跑服务是给我的粉丝专门安排的福利。只有20个名额。"

四、八大互动技巧提高直播间人气

抽奖、优惠券、福袋、免单、粉丝团、游戏、道具、有梗。

五、单品讲解技巧

第一步：引出痛点。

开场可以提出一个普遍问题，比如："很多想要转行或提升自己财务技能的朋友，是不是觉得会计知识复杂难懂，难以掌握？"

通过这个问题，直接触及潜在学员的痛点，即会计学习的难度和挑战。

第二步：放大痛点。

可以进一步说明："如果会计知识掌握不牢，不仅影响个人职业发展，还可能在工作中造成失误，带来不必要的经济损失。"

通过强调会计知识的重要性和学习不当的后果，让观众感受到问题的严重性。

第三步：结合卖点。

接下来，介绍自身产品如何帮助解决这些问题："我们的会计课程/书籍，由资深会计师编写，采用实际案例教学，让复杂的会计知识变得简单易懂。"

强调课程或书籍的实用性、易学性和权威性，与观众的痛点相对应。

第四步：解决问题。

展示具体的教学方法或书籍内容："通过我们的课程，你可以学习到最新的会计准则，掌握财务报表的编制技巧。书籍中还包含了大量的习题和解析，帮助你巩固所学。"

通过具体的教学内容和方法，让观众相信产品能够解决他们的问题。

第五步：活动优惠。

提供一些优惠信息："今天在直播期间购买我们的会计课程，可以享受8折优惠，前50名购买者还将获得免费的专业咨询一次。"

通过限时优惠和额外赠品，增加观众的购买意愿。

第六步：促单逼单。

最后，增加紧迫感："优惠时间有限，只有今晚直播期间有效，想要提升自己的会计技能,就不要错过这个机会。"

通过倒计时、库存紧张提示等方式,促使观众尽快做出购买决定。

六、引导商品点击

如何引导直播间用户点击商品,以下是一些有效的方法:

(1)产品背书。主播在介绍时不能确保每个人都喜欢讲解中的商品,这个时候可以穿插提醒观众点击购物车,引导用户点开链接看销量好评等信息。

(2)热度高的优先讲解。主播引导观众点击购物车浏览,大多数人想要的商品可在评论区和主播互动,主播优先给大家讲解,并且根据热度进行对应的优惠活动。

(3)单品优惠。对应前期选品的预判,为不同的商品设置好优惠券,主播可以引导错过优惠券的人点击购物车找到对应的商品领券购买。

七、憋单拉人气

第一步:先把产品价值塑造出来,再抛出今天的主题的优惠福利。

直播开场白:"亲爱的观众朋友们,大家晚上好!今天我们直播间为大家带来了两款精心挑选的会计学习神器——《会计实战宝典》和'会计精英特训课程'。这两大利器,将帮助你从会计小白快速成长为行业精英。《会计实战宝典》汇集了行业资深会计师的实战经验,每一个案例都能让你在实际工作中游刃有余。而'会计精英特训课程'则是由知名财经大学教授亲自授课,内容深入浅出,让你的学习效率翻倍!

"今天,我们不仅带来了知识,还带来了超值福利!在今晚的直播中,我们将提供限时8折优惠,前50名购买的朋友还将获得价值299元的会计软件会员一年!数量有限,先到先得哦!"

第二步:想要福利的先按照主播的口令去完成关注、加团、扣屏等提升数据的动作。

"想要获取这些超值福利的朋友们,需要先完成几个简单的动作。首先,请大家点击屏幕上的'关注'按钮,成为我们的粉丝,这样你就不会错过任何后续的精彩内容和福利了。接下来,请大家在公屏上扣'1',我会看到你们的参与热情。最后,点击屏幕下方的'加团'按钮,加入我们的会计学习团,让我们一起学习,一起进步!

"完成这些动作的朋友们,你们不仅能够享受到今晚的优惠福利,还能获得我们后续更多专属优惠和学习资源。快去行动吧!"

第三步:卡库存,根据在线人数及公屏回复进行放单,按照在线人数10%~20%的数量投放。

"我看到大家的热情非常高涨,公屏上已经布满了'1'。现在,我将根据在线人数和大家的互动情况来放出库存。我们直播间目前有500位朋友在线,我会按照这个人数的20%来投放库存,也就是说,将有100个优惠名额等待着大家。

"想要的朋友请做好准备,我将在倒计时结束后立即放单。大家要抓紧时间,因为名额有限,错过了就没有了。好,倒计时开始,5、4、3、2、1,库存已开,大家快去抢购吧!"

通过这样的步骤,主播不仅能够有效地引导用户点击商品,还能通过互动提升直播间的数据,同时也为用户创造了紧迫感,促使他们尽快做出购买决定。

八、促单收单技巧

第一步:强调当天、当场直播才有的价格,错过了就没有这个价格了,这个时候非常考验主播的演讲能力和语言技巧。

直播语言技巧:"各位观众,大家注意了!今天我要给大家介绍的不仅仅是两样产品,而是两个能够改变你会计生涯的机会!《会计实战宝典》和'会计精英特训课程',这两样宝贝今天在我们直播间的价格是史无前例的!这是我们特别向出版社和课程提供方争取来的,只在今天的直播中有效,错过了今天,这个价格就再也不会有了！

"想想看，你只需要以低于市场的价格，就能获得行业内顶尖专家的知识和经验。这不仅是一次购买，更是一次投资，投资于你自己的未来。但是，记住了，这样的机会只有今天，只在本场直播中，错过了就没有了。所以，如果你已经决定了要提升自己的会计技能，那么现在就是最好的时机！"

第二步：调动用户"抢"的心态，比如"抢购""过时不候""数量有限"等，营造"怕失去""怕错过"的氛围，制造出紧迫感。

直播语言技巧："亲爱的朋友们，你们知道吗？《会计实战宝典》和'会计精英特训课程'的优惠名额是有限的，我们只准备了100套作为今天的特惠，这可是真正的手慢无！我已经看到评论区有很多小伙伴在问怎么购买了，看来大家都非常想要抓住这次机会。

"我要告诉大家，这次的优惠是过时不候的，数量有限，先到先得。如果你真的想要，那就要抓紧时间了。现在，我将给大家一个口令，大家在直播间回复这个口令，就能获得抢购资格。记住，只有回复口令的前100名朋友才能享受到这个优惠。

"好了，口令就是'会计精英'，大家快在公屏上回复'会计精英'，让我们看看谁能够成为今天的幸运儿！记住，只有敢于抢购的人，才能抓住这次难得的机会。不要犹豫，立即行动起来，抢购你的梦想，抢购你的未来！"

通过这样的引导，主播不仅能够突出直播优惠的独特性和紧迫性，还能有效调动用户的积极性，促使他们迅速做出购买决策，从而提高转化率。

九、转内容技巧

不能提前透露产品的价格，转的时候要做好铺垫，抛出话题，互动转款速度要快，憋单款放单后不再留恋，演技要高，不能有明显的转品痕迹，转款过程行云流水。

篇章一　直播　第四章　语言技巧

1. 话题铺垫与互动

"大家好，今天我们的直播非常精彩，我们聊了很多关于会计行业的热点话题，也分享了不少实用的会计小技巧。接下来，我要给大家带来一个非常特别的环节，但在此之前，我想先和大家做个小互动。

"告诉我，你们在学习会计或者日常工作中遇到的最大挑战是什么？快在评论区告诉我，我会实时查看大家的答案，并且选出几个最有代表性的问题，稍后在我们的特别环节中进行详细解答。

"好了，我看到很多小伙伴已经分享了他们的问题，比如'如何处理复杂的税务问题'，'如何快速通过会计考试'等。这些问题都非常实用，也是我们今天特别环节的重点。"

2. 快速转款

"好了，既然大家都这么热情，那么我就不卖关子了。接下来，我要为大家介绍两样能够帮助你们解决这些问题的神器。它们不仅能够提供你们需要的答案，还能帮助你们在会计领域更上一层楼。

"首先，我要介绍的是一本书，它的名字叫做《会计实战宝典》。这本书由会计领域的资深专家编写，涵盖了会计工作的各个方面，从基础理论到实际操作，应有尽有。而且，今天在我的直播间，你将有机会以一个特别的价格获得它！

"接下来，是一个更加重磅的课程——'会计精英特训课程'。这个课程由顶尖财经大学的教授亲自授课，它不仅能够帮你系统掌握会计知识，还能让你在实际工作中游刃有余。

"我知道你们现在一定很想知道价格，但是请耐心等待，这个价格绝对会让你们惊喜。现在，我需要你们做的是，准备好你的手指，因为一旦我公布价格，我们的抢购就要开始了。"

3. 放单后快速转移话题

"好了，价格已经公布，大家可以通过点击屏幕下方的购物车进行购买。

记住,这个价格只在今天的直播中有效,错过了就没有了。

"现在,让我们回到之前的问题上来。我看到有很多朋友在问如何处理复杂的税务问题,那么接下来,我就来为大家详细解答这个问题。同时,我们的直播间还会有更多精彩内容,所以大家不要离开,继续关注我们的直播,还有更多惊喜等着你们!"

通过这种方式,主播在不透露价格的情况下,通过话题铺垫和互动,快速引导用户转款,并在放单后迅速转移话题,使得整个转款过程自然流畅,没有明显的转品痕迹。

十、感谢技巧

(1)人气峰值结束下播,可以预告下一场直播主题,提前透露超级福利,抓住用户痛点,如比较在意的会计知识点或其他返场内容。

"各位朋友们,今晚的直播就要告一段落了,但我们的精彩内容还会继续。在下一场直播中,我们会深入探讨大家普遍关注的一个话题——'如何高效准备 CPA 考试'。同时,我也为大家准备了一份特别的福利,那就是我们精心准备的'会计考试助力礼包',里面包含了丰富的历年真题、模拟试题以及专家解析,相信能为你的考试之路提供帮助。所以,记得留意我们的直播间,不要错过哦!"

(2)感谢本场下单的粉丝支持,可以引导进粉丝群,铺垫进群福利与公域用户留存后期转私域,做好售后和复购。

"非常感谢今天所有选择《会计实战宝典》和'会计精英特训课程'的朋友们,你们的支持是我们前进的动力。为了表达我们的感激,我们特别为你们准备了一个专属的粉丝群。在这个群里,你们将有机会获取更多专属福利,比如定期的会计知识分享、专家答疑,以及优惠信息。想要加入的朋友,可以在直播间下方点击'加入粉丝群'的链接,我在那里期待与你们的进一步交流!"

(3)下播前抽会计资料大礼包,限时限量,把直播间的人气拉高,同时感谢直播间观众。

"在结束今天的直播之前,我们还有一个特别的环节——会计资料礼包的抽奖活动。这个礼包汇集了会计工作中常用的模板、公式以及行业分析报告,对于会计从业者来说非常有帮助。我们将在直播间抽取几位幸运观众送出这个礼包。想要参与的朋友,只需要在公屏上打出'会计加油',就有机会获得这份礼物。快来参与吧,看看谁能成为今天的幸运儿!"

(4)直播结束前多和粉丝聊天,结束后多关注评论区,做互动、引导、关注、重申人设等流程后再下播,态度一定要诚恳。

"在结束今天的直播之前,我想花点时间和大家一起聊聊天,听听你们的反馈和建议。你们的每一个评论我都认真阅读,记在心里。如果你们对今天的内容有任何疑问,或者对下一场直播有任何期待,都欢迎在评论区留言,我会尽快回复大家。

"感谢每一位今天来到直播间的朋友,你们的陪伴和支持是我们进步的动力。记得关注我们的直播间,这样就不会错过我们的每一场直播了。再次感谢大家,我们下一场直播再见!"

第二十三节　直播场控技能

在直播过程中,场控技能对于维持直播间秩序和提升观众参与度至关重要。不同的直播间流量需要不同的控场策略,这是主播的必要技能,通常会有以下两种情况。

一、当直播间流量低时,如何进行场控

在直播间流量低时,主播需要采取一些措施来提升观众的参与度和直播间的活跃度。

1. 点名欢迎

通过点名欢迎新进入直播间的观众，让他们感到被重视，以此来改善直播间的流量。例如 A 直播间流量低，当主播在直播中注意到新观众进入时，立即点名欢迎："欢迎新进入直播间的×××，希望能喜欢我们的直播内容！"这样做，能够让新观众感到重视，有利于新观众留下来观看直播内容，进而成为铁粉。

2. 引导关注

通过主动引导观众关注直播间，增加粉丝数量。例如 A 直播间流量低，需要增加粉丝数量。主播在直播中可以定期提醒观众点击关注，例如，"亲，如果喜欢我的直播，来一波关注，帮我做做人气，也是对我的鼓励！"通常情况下，观众受到提醒，会纷纷点击关注。这样，粉丝数量会逐渐增加。

3. 预设话题

准备好一些预设话题，以便在直播时能够快速引发讨论。例如，A 直播间流量低，需要提升活跃度。主播可以考虑准备一些预设话题，如"大家最近都在看什么书""有没有看《人人可学的管理会计——做老板要做的事》"等，并引导观众在评论区参与讨论。这样，观众就会开始在评论区分享自己的书单，直播间的活跃度就会马上提升。

通过上述方法，可以有效解决老账号或断播的账号抖音第一波推流有限且活跃度不高的问题。

二、当直播间流量高时，如何进行场控

在直播间流量高时，主播也需要采取不同的策略来维持直播间的秩序和活跃度。

1. 有价值的问题

鼓励观众提出有价值的问题，提升互动质量。例如 A 直播间流量高，观众提问很踊跃。主播需要鼓励观众提出有价值的问题，并给予回答，如"关于今

天主题的任何问题，都可以在评论区提出，我会一一为大家解答"。对于观众提出的质量较高的问题，主播的及时解答会有效提升直播内容的质量。

2. 有价值的粉丝

要重视那些提出有价值问题和建议的粉丝。例如，A 直播间流量高，有一个粉丝提出建设性意见。这时，主播要重视这些有价值的粉丝，并在直播中给予回应："非常感谢 ××× 提出的建议，我会认真考虑并在后续直播中进行改进。"这样的回应，会让观众感到自己的意见被重视，会更加积极地参与直播互动。

3. 在线人数保持

采取措施保持在线人数，如定期互动、发放福利等。例如 A 直播间流量高，但在线人数有所下降。这时主播可以考虑通过发放福袋、进行互动游戏等方式保持在线人数。"亲，我们现在开始一个互动小游戏，获胜者将获得我们准备的福袋！"这样，观众会被福袋和游戏吸引，在线人数能够得到持续的保持。

通过上述方法，能够有效解决新账号或有粉丝基数的账号能否持续推流和承接住流量的问题。

第五章　流量

第二十四节　直播必备的流量感知能力

在直播过程中，优秀的主播需要对流量有敏锐的感知能力，还能够对直播及时做出调整策略。

一、流量感知能力

开播前端所能感知的流量节奏，通常从3个方面进行观察。

1. 在线人数的峰值

如果开播0~30分钟内，在线人数不规则呈螺旋式递增，达到一定阈值（如260人），则意味着平台可能会推送更多流量到直播间。例如，主播开播后，发现在线人数在30分钟内快速增长。这时候，主播要立即和观众进行互动，如提问和抽奖，以便留住新进入的观众。让观众感受到直播间的活跃气氛，以便保持在线人数继续增长。

2. 直播间进人速度

如果进入频率很高，主播需要采取措施留住观众，比如输出留人动作和停留语言技巧。如果直播间的进人速度突然加快，主播要迅速调整语言技巧，比如使用"欢迎新进来的朋友们，喜欢主播的可以点个关注！"通过这些语言技巧来留住观众，让新进入的观众被主播热情的语言技巧吸引，使停留时间延长。

3. 多人正在购买

如果多个用户同时购买小黄车中的某个商品,这在一定程度上代表了直播间的热度值。例如,有多名用户同时购买直播间的小黄车商品,当主播观察到这一现象时,要立即推荐相关商品,并提供优惠信息吸引客户,以此来激发直播间的购买热潮,增加销售额。

二、数据分析与统计

数据分析是直播成功的关键,主播需要定期检查直播数据,以便及时优化直播内容并采取相应的策略,通常通过以下两个渠道和路径进行查看。

1. 移动端直播手机

可以查看直播回放,定期检查是否有违规行为,可以分析单场直播、前7天、前30天的数据。例如,主播定期查看直播数据,发现某些话题的观众留存率较高,那么,主播在后续直播中就要增加这些话题的讨论,并调整直播内容。这样,观众的满意度会得到提高,直播间的留存率和互动率也会相应提升。如果主播在移动端查看直播回放,发现有轻微的违规内容,那么,主播需要立即调整直播策略,避免类似内容再次出现。这样,直播间就能够有效避免潜在的违规风险,保证直播环境良好。移动端查询数据分析与统计的方法如图24-1所示。

图24-1　移动端查询数据分析与统计的方法

2.PC端网址

PC端提供了一个网址，用于查看更加详细的数据分析。例如，主播通过PC端网址查看直播数据，发现某个时间段的观众参与度最高，那么，主播可以考虑调整直播时间，选择在观众参与度高的时间段直播。这样，直播间的观众人数和互动率在新的时间点上会有显著提升。

通过上文分析，可以看到主播需要对直播间的流量变化有敏锐的感知，并能够通过数据分析来优化直播内容，及时制定相应的改进策略。通过有效的流量感知和数据分析，提升直播间的吸引力，增加观众的参与度。

第二十五节　直播大屏核心数据解读

抖音直播后的直播数据大屏数据解读分析对于主播和运营团队至关重要，它允许他们实时监控并复盘直播关键指标，如在线人数、互动频率和销售额，从而深入理解观众行为和偏好；评估直播内容的吸引力和转化效率；识别流量来源和用户画像，以优化推广策略；及时调整直播技巧和商品展示，提高销售转化率；预警潜在的违规内容，保护直播健康；根据数据趋势预测未来发展，制定更加精准的直播计划和内容策略。

一、累计观看数

累计观看数也代表着账号的流量层级，新号平台会有 7 天流量扶持，如果一个新号开播场观没有达到 500 基数，需要检查是否有被限流、违规等后台情况，如无问题就保持状态突破 7 天新手期，慢慢拉回正常值。

二、平均停留时长

平均停留时长（3 秒看场景，30 秒看产品，60 秒看主播）在一定程度上代表着该直播间的内容（主播语言技巧、主播状态、主播表情管理、主播肢体动作、产品和物料展现、场景搭建等）是否优质，是否符合抖系平台属性。

一般情况下，停留时长以 45 秒为合格，1 分钟为优质，建议主播上播期间录制 10 ~ 15 分钟视频以备复盘。

三、涨粉量

做公域流量必须重视且执行拉新动作。在抖音这样的公域流量平台上，涨粉数据和拉新粉的动作至关重要，因为它们直接关联到账号的成长潜力和商业价值。首先，新粉丝的增长能显著提升账号的影响力和覆盖面，为未来的直播或视频内容提供更大的观众基础。其次，新粉丝的引入有助于平台算法将直播间或视频推荐给更广泛的潜在受众，从而实现更高效的用户触达和品牌传播。一般付费的拉新指标在3%～5%为合格，自然流量也很重要不能忽视。

优化拉新语言技巧与拉新频率，寻找对标账号，挖掘拉新语言技巧，并调整为符合自身产品具体情况的语言技巧，是最常见的做法。

四、曝光进入率

曝光进入率是指观众通过直播广场的渠道进入直播间。这种情况下进入直播间的观众，很大比例是被直播间的画面场景所吸引。

曝光进入率一般情况下大于45%小于85%，如果指标过高，则表示流量大且泛。

五、最高在线人数

前端主播可以看到最高在线人数，并需要注意其实时数值变化。如果人数呈现不规则累计叠加，如12-28-50-97等，说明急速流量到来，主播必须立马调整为承接急速流的状态，着重做拉新互动动作。

六、小黄车点击率

若小黄车点击率太低，主要是由于以下三大因素。

抖音直播间的小黄车（即商品购买链接）点击率低可能受到以下三大因素

的影响：

1. 商品吸引力不足

（1）商品本身：商品是否符合观众的兴趣和需求，是否为热门或季节性产品。

（2）价格定位：价格是否合理，是否有竞争力，观众是否觉得性价比高。

（3）展示方式：商品在直播间的展示是否充分，主播是否有效地展示了商品的特点和使用方法。

2. 直播内容和互动

（1）直播互动：主播是否与观众进行了有效的互动，是否激发了观众的参与兴趣。

（2）内容质量：直播内容是否有趣、有价值，能否吸引观众停留。

（3）主播能力：主播的表达能力、说服力和专业知识是否足以促使观众产生购买行为。

（4）直播间和商品的引导：

引导方式：直播间是否有明确的引导语和提示，指引观众点击小黄车。

商品描述：商品的标题和描述是否吸引人，是否清晰地传达了商品的卖点。

3. 信任因素

观众对主播或品牌的信任程度，是否相信购买后能够得到满意的商品或服务。

七、评论率

公屏互动，单一扣1或者其他数字目前不计入平台赛马机制的内容，最好以产品为核心展开指令动作，这样有利于后续的推流更加精准优质。指标在5%～7%为合格。提高互动率的方法有以下几种。

（1）痛点提问方式。

（2）选择性互动。

（3）扣屏式互动。

（4）发放福袋。

第六章 复盘

第二十六节 直播漏斗图数据

五维四率漏斗图

成交转化漏斗

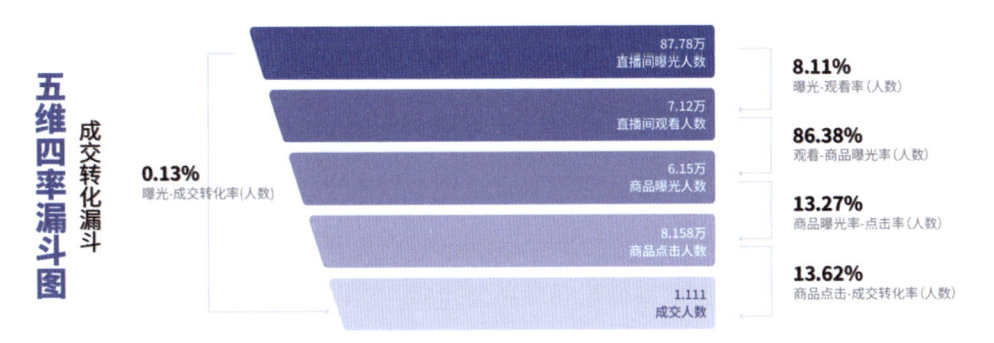

- 87.78万 直播间曝光人数
- 7.12万 直播间观看人数
- 6.15万 商品曝光人数
- 8.158万 商品点击人数
- 1.111 成交人数

0.13% 曝光-成交转化率(人数)

8.11% 曝光-观看率(人数)

86.38% 观看-商品曝光率(人数)

13.27% 商品曝光率-点击率(人数)

13.62% 商品点击-成交转化率(人数)

图26-1 直播漏斗图数据

直播漏斗图是一种有效的过程分析工具,能够有效分解并展示从直播间曝光到最终成交的转化过程的数据变化。运用直播数据漏斗图,团队就可以快速识别直播销售过程中的潜在瓶颈,并制定相应的对策进行优化。本节将介绍如何运用成交转化漏斗,从"五个维度,四个比率"清晰展示数据漏斗过程变化情况,如图26-1所示。

第一个维度是直播间曝光人数,是指直播间在一定时间内被展示给潜在观众的总次数,共有87.78万。

与之对应的第一个比率是曝光—观看率,为8.11%,表示在所有看到直播间的潜在观众中,有8.11%比例的人进入直播间观看了。如果直播间的场景吸引力不足，或者直播间的封面标题吸引力不够，就会导致观众没有从直播预览界面点击进入直播间，从而导致曝光—观看率较低。这就需要提高观看率，可以考虑通过优化直播间封面、标题，并在直播前通过预热主播状态来吸引更多的观众点击进入直播间，从而提升曝光—观看率。

第二个维度是直播观看人数，是指实际点击进入直播间的人数有 7.12 万。

与之对应的第二个比率是观看—商品曝光率，为 86.38%。表示在所有观看直播的观众中，有 86.38% 比例的人看到了商品。通过这个指标，可以判断商品页面是否触达给观众，观众是否看到了商品推荐弹窗。如果存在问题，就需要提高商品曝光率，可以考虑通过增加商品推荐弹窗的次数来提高触达率。例如，主播增加了商品推荐弹窗的次数，并在直播中多次提醒观众关注商品信息，让更多的观众看到了商品。

第三个维度商品曝光人数，是指实际看到商品推荐弹窗的人数有 6.15 万。如果直播间曝光率偏弱，商品推荐弹窗触达次数较少，主播需要考虑增加商品推荐弹窗的推送次数，并在直播中设置定时提醒，使商品的曝光率有所提升。

与之对应的第三个比率商品是商品曝光率—点击率，为 13.27%。表示在所有看到商品推荐弹窗的观众中，有 13.27% 比例的人点击了商品。如果观众看到了商品推荐弹窗，但并没有点击，这就需要改进以下问题：①人群不精准，需要通过直播间打标签修正人群；②商品图片质量差，需要提高商品图片的质量；③产品客单价高，需要调整产品定价策略；④直播间曝光率弱，需要增加商品推荐弹窗的推送次数。

虽然商品曝光率比较高，但点击率偏低。这时，主播需要考虑优化商品图片，并调整商品定价，让更多的观众对商品产生了兴趣，使商品曝光点击率提升。

第四个维度是商品点击人数，是指实际点击商品推荐弹窗的人数为 8.158 万。

与之对应的第四个比率是商品点击—成交转化率，为 13.62%，表示在所有点击商品的观众中，有 13.62% 比例的人最终完成了购买。如果是商品图片质量比较差，观众不愿点击，这时候就要考虑聘请专业摄影师拍摄商品图片，并在直播中使用高质量的图片，增加商品的吸引力，使点击率和成交率有显著增长。

第五个维度是成交人数，是指最终完成购买的人数为 1.111 万。如果是产品客单价偏高，导致观众点击后放弃购买，主播就要考虑对产品进行市场调研，调整产品定价，使商品更具竞争力，提升商品的成交率，增加销售额。

通过运用直播漏斗图进行数据分析，团队可以快速识别直播销售过程中的潜在瓶颈，并采取相应的优化措施。无论是提高个人曝光率、商品曝光率还是点击率，都需要主播对直播内容、商品展示和互动方式进行不断的优化和调整，提升直播的吸引力，增加观众的参与度，最终实现销售的目标。

第二十七节　全局策划——运营脚本

抖音直播复盘表

数据概览	账号		开播时间		开播时长		直播时间段	
	观众总数		付款总人数		付款总人数		销售额	
直播内容质量分析								
直播间吸引指标		关联因素		问题记录			复盘结论	
最高在线		流盘精准度 产品吸引力 产品展现力 营销活动力 主搭引导力						
平均停留时长								
新增粉丝数								
转粉率								
评论人数								
互动率								

续表

直播销售效率分析			
销售销量指标	关联因素	问题记录	复盘结论
转化率			
订单转化率			
客单价			
客单件			
UV价值			
直播流量优化分析				
流量来源	占比	人数	问题记录	复盘结论
视频推荐				
直播推荐				
其他				
关注				
同城				
付费流量总数				
DOU+短视频				
DOU+直播间				
千川直播间/直投				
自然流量总数				

单品SKU销售数据分析								
品名	购物车序号	直播间流量	直播间点击量	单品点击率	支付订单数	单品转化率	支付GMV	单品UV值

续表

单品分析与建议
综合优化建议(执行任务)落实岗位

第二十八节　财会赛道电商带货合格的数据指标

抖音直播复盘表									
千川投放		电商				内容			
场景点击率		自然转化率		商品点击率	GMV/UV价值		转粉率	留存率(平均停留时长)	评论率
<5%	不合格	<1%	不合格	<7% 不合格	GMV/场观<1	不合格	<1% 不合格	<30s 不合格	<3% 不合格
5%~10%	合格	1%~3%	合格	7%~10% 合格	GMV/场观1~6	合格	1%~5% 合格	30s~60s 合格	3%~6% 合格
>10%	优秀	>3%	优秀	>10% 优秀	GMV/场观>6	优秀	>5% 优秀	>60s 优秀	>6% 优秀

1. 内从指标有两项合格且电商指标有一项合格即可介入付费投放
2. 付费电商维度两项到优秀必能撬动自然流量

第七章 玩法

第二十九节 财会赛道自然流 7 天起号玩法

如何能够利用自然流起号（注：在直播电商领域，起号是指从零开始建立直播间，通过一系列策略和操作，逐步提升直播间的流量和销售业绩），提升自己的影响力和粉丝基础，是很多财会赛道主播的愿望。本节将介绍如何运用自然流 7 天起号。

一、第一天——直播测试

目标：对直接间进行直播测试，磨合语言技巧脚本，测试开播时间，检查是否有自然流量进入。

操作：发布 3～5 条垂直短视频，使用 DOU+（抖音推广工具）为账号打上标签。

预期：场观 300～500 人，直播时长 1～2 小时。

例如，A 直播间第一天开播，主播事前准备好几条高质量的短视频，使用 DOU+ 推广，测试不同的开播时间的流量效果，找到最佳的开播时间，并吸引第一批观众，为后续持续的直播打下基础。

二、第二天——拉权重

目标：通过单品憋单拉人气，提升直播间数据，但不一定要出单。

操作：通过直播间互动，卡人气高峰时下播。

预期：场观 1000 ~ 5000 人，直播时长 2 ~ 3 小时。

例如，为了提升直播间人气，主播可以选择一款热门单品进行憋单活动，通过互动提升直播间权重，让直播间人气迅速上升，为后续的直播活动积累人气。

三、第三天——打标签

目标：进行微憋单，提升单量，拉高直播间人气和互动。

操作：在人气上升时放单，进行秒杀活动。

预期：场观 8000 ~ 50000 人，直播时长 4 小时以上。

例如，打直播间更精准的用户标签，主播可以进行微憋单活动，并在人气高峰时放单，同时进行秒杀活动，使直播间标签更加精准，吸引更多目标用户。

四、第四天——数据测试

目标：进行单品憋单，测试引流款转小利润款的语言技巧承接。

操作：提前设计转款产品，提升直播间整体 GMV（成交总额）。

预期：场观 8000 ~ 50000 人，直播时长 4 小时以上。

例如，测试直播间的转化效果，主播通过设计引流款和利润款的产品转换语言技巧，并进行单品憋单，目的是使直播间的 GMV 显著提升，转化率有所增加。

五、第五天——承接转化

目标：复盘第四天的直播数据，优化语言技巧，提升转化和成交 GMV 值。

操作：增加销量和销售额。

预期：场观 8000 ~ 50000 人，直播时长 4 小时以上。

例如，直播间需要提升销量和销售额，主播通过复盘之前的直播数据，然后优化语言技巧，吸引观众，让直播间的转化率得到提升，销售额和销量有显著增长。

六、第六天——提升成交

目标：复盘第五天的直播数据，优化停留互动等数据，提升销售额和销售数。

操作：增加其他利润款，提升 UV（独立访客）价值，适当补投放。

预期：直播时长 4～6 小时。

例如，为进一步促进直播间的成交效果，主播通过复盘直播数据，优化停留互动，并相应增加其他利润产品，促进直播间的 UV 价值提升，使销售额和销售数得到增加。

七、第七天——流量引爆

目标：账号建模完成，直播间推流和 GMV 稳步上升。

操作：排主播班次，进入更长时间的直播，检测 GPM（每千次展示成本）行业排名和稳定性。

预期：完成起号步骤。

例如，为了直播间进一步扩大流量，主播通过安排更多的直播班次，延长直播时间，并及时检测 GPM 行业排名，使直播间的流量和 GMV 稳步上升，完成起号步骤。

通过上述 7 天的起号流程，主播可以逐步提升直播间的流量和销售业绩。每个步骤都有明确的目标和操作，通过不断测试、优化和调整，找到最适合自己直播间的策略。

第三十节　财会赛道付费起号玩法——小店随心推

1. 前期以人气为主，如果有福利款，就人气投放多一点；如果有爆款，就可以成单多一些。

2. 有效果后，可以每 0.5 小时就追加投放。500 元不是一次性投光，第一单可以按 200 元，后面就 100 元一单投 3 次，看个人预算。

3. 投放预算按照比例投放，如 0.5 小时消耗完，可按照比例继续追加带货转化值，只是个参考值，不同类目标准不一样，达到就进入下一个环节。

4. 一共 5 天时间，前期测试打标签，5 天后拉到每小时 2000 人的自然观看。

5. 若预算不足，50 人以内都可以用小店随心推，有 1000 人以上预算则以巨量千川直播间为主。

小店随心推起号规划如表 30-1 所示。

表 30-1　小店随心推起号规划

账号阶段	投放类型	投放定向	投放预算	投放时间	需达到结果
测试阶段	人气	自定义人群选择性别年龄	300	0.5 小时	可以顺利把钱全部花完
			500		
打标签 Part 1	人气	自定义人群选择性别年龄	300	0.5 小时	带货能有转化
	带货		500		
打标签 Part 2	人气	自定义人群选择性别年龄	200	0.5 小时	1.人气有转化 2.带货率转到 1:2 3.视频带货有转化
	带货	达人相似	200		
	视频引流直播间带货		100		

续表

账号阶段	投放类型	投放定向	投放预算	投放时间	需达到结果
打标签 Part 3	人气	自定义人群 选择性别年龄	100	0.5 小时	1.人气有转化 2.带货率转到 1:5 3.视频带货有转化 1:3
打标签 Part 3	带货	达人相似	200	0.5 小时	1.人气有转化 2.带货率转到 1:5 3.视频带货有转化 1:3
打标签 Part 3	视频引流 直播间带货	达人相似	200	0.5 小时	1.人气有转化 2.带货率转到 1:5 3.视频带货有转化 1:3
打标签 Part4	带货	达人相似	300	0.5 小时	带货和视频带货率转化到 1:5
打标签 Part4	视频引流 直播间带货	达人相似	300	0.5 小时	带货和视频带货率转化到 1:5
放量	带货	系统推荐	量力而行	0.5 小时	带货和视频带货率转化到 1:5
放量	视频引流 直播间带货	系统推荐	量力而行	0.5 小时	带货和视频带货率转化到 1:5

第三十一节　直播行业术语解读

一、直播运营的相关术语

1. 算法

抖音系统对短视频或直播进行分发、管理、评估时采用的计算机制。

2. 蓝 V 认证

抖音官方对账号的实名认证，只针对企业，个人无法申请。通过抖音 App 直接认证蓝 V，平台需要收费 500 元。认证蓝 V 号后发营销性质的内容会更容易过审，并且平台对于蓝 V 号的包容度会更强。

目前，如果先开通抖店，抖店认证之后，通过抖店去认证蓝 V 可免费，具体操作方法如下。

抖店后台—店铺设置—店铺官方账号—认证蓝 V 企业号。提交认证经审核通过之后开通蓝 V。

需要注意：蓝 V 账号申请并绑定小店之后，不可解绑，不可变更。

3. 账号标签

抖音算法根据账号视频或直播购买、转粉、观看用户的标签，将账号筛选归类，推送给对视频/直播内容感兴趣的用户。如果标签明确，视频发布或直播推流后很快会被精准目标用户看到。

4. 账号信息资料变更

抖音账号昵称、头像、个性签名是可以多次更换的，但是每月有更改次数限制。多次更换会影响抖音账号的权重与系统对账号标签的识别，造成抖音被限流，而且不能在个人资料页面做站外引流。

5. SKU

Stock Keeping Unit 简称 SKU，原意是库存进出计量的单位。现在，SKU 是指产品统一编号的简称，每种产品均对应有唯一的 SKU 号。也就是说，一个 SKU 是指一款同色、同款、同品质、同规格的单品。如果一款产品有 3 个颜色，那就相当于有 3 个 SKU。

6. 小黄车

"小黄车"是抖音直播间三大转化组件之一。抖音直播间的购物功能，走商品橱窗体系。主播在直播间添加售卖商品后，直播间用户会看到"小黄车"，点击可查看并购买商品。购买小黄车直播的商品时，一般没有地域限制，全国范围内都可以购买。

7. 小风车

针对抖音企业蓝 V 用户使用，以销售虚拟产品为主。允许线下引流，支持区域精准流量推荐。例如本地生活的餐饮商家，可以通过小风车进行团购券售卖。用户购买小风车商品后，未核销可享受随时退、30 天过期自动退的权利。小风车常见于本地生活餐饮团购、定制服务预约、虚拟产品（知识付费）购买等。

8. 小雪花

"小雪花"是抖音第三方小程序，类似基于微信的第三方小程序，功能可自行开发。走抖音开放平台接口。

9. 抖音小店

抖音小店是抖音电商为商家提供的带货平台，类似淘宝店铺的性质。店铺开通后，可以在头条系的其他应用中统一展示店铺，如头条、抖音、火山等。粉丝可以分别在这些平台进行购物，完成一个闭环。

10. 抖音小店 DSR

Detail Seller Rating 简称 DSR，是指卖家服务评级系统。抖音小店的 DSR 分别是产品分、服务分、物流分。

11. 类目保证金

类目保证金是指抖音小店的主营类目缴纳保证金。普通订单的保证金根据类目的不同从 200 元到 20000 元不等。

12. 运费险

退货运费险是帮助买家适当减少损失的一种补偿性质的保险服务。

13. 抖音推荐机制

抖音直播的推荐机制是"同级别 + 混品类"的竞争机制。也就是在同级别主播之间，数据表现好的直播间会获得更多的流量推荐。

二、直播投放的相关术语

1. DOU+

DOU+ 是抖音平台一款视频/直播加热工具，可以高效提升短视频或者直播间的曝光量和互动量。DOU+ 对直播间的投放需要在开播前下单审核通过。如果直播类目涉及报白，则需要提前申请 DOU+ 报白，否则 DOU+ 不能投放直播间。

2. 小店随心推

小店随心推是巨量千川平台针对移动端推出的抖音电商加热工具，简单来说是 DOU+ 电商专属版本。

3. Feed 流

Feed 流是抖音推出的直播间付费推广工具。投放 Feed 流后，平台可以在"推荐"页中将推广的直播间呈现给用户。

Feed 流分为两种形式：短视频引流直播间和 Feed 流直投直播间。

4. 巨量千川

巨量千川是巨量引擎旗下的电商广告平台，为商家和达人们提供抖音电商一体化营销解决方案。

5. CPC（Cost Per Click）

Cost Per Click 简称 CPC，是指每次点击费用，即点击单价。

6. 直播报白

直播报白也就是抖音直播白名单申请。报白之后，该账号的产品视频和直播不会被抖音定为营销推广而限流，还会得到流量扶持，也更加安全而稳定。

7. 限流

直播间被限制推送流量，甚至不推送流量。

三、直播形式的相关术语

1. 档口直播

在线下有实体店的商家，在店铺通过直播带货平台销售产品。

2. 村播

地方村民、村主任出镜，在农田、工厂等原产地附近场景开展直播。

3. 走播

电商主播没有固定的直播间，在品牌店或大型批发市场档口里直播带货。

4. 达播 / 店播

达播是指直播账号为达人账号，通过达人账号进行的直播。达播的直播品类一般相对固定，但是品牌不固定。店播是指使用品牌/商家认证的蓝V账号进行的直播，因此直播商品的品牌固定。店播可以根据是否为品牌/商家自己直播而区分为"自播"和"代播"。

5. 公域直播

主播依托于第三方平台，基于公域流量的直播，如淘宝直播、抖音直播等。

6. 私域直播

基于私域流量的直播，如小程序直播、腾讯直播、视频号直播等。

第八章　直播投流

第三十二节　抖音的推广方式

在抖音平台上，有效的推广方式是提升内容曝光和增加用户互动的关键手段。本节主要讲解抖音平台上常见的 7 种推广方式，如表 32-1 所示。

表 32-1　抖音的推广方式

序号	推广方式	适合范围
1	DOU+	适度增加曝光量
2	巨量广告	广告投放
3	巨量千川	精准广告投放
4	巨量本地推	本地化推广
5	企业号	为企业提供官方账号服务
6	巨量星图	利用抖音网红资源进行推广的服务
7	巨量算数	提供趋势性广告优化服务

一、DOU+

DOU+ 是抖音平台的一种付费推广服务，允许用户通过支付一定费用来增加视频的曝光量。DOU+ 通常适合于这些主播，如账号初期，新账号通常流量比较少，那么就可以通过 DOU+ 快速增加曝光度和测试内容的受欢迎程度；或者是内容质量高但自然流量低，这种情况也可以考虑通过 DOU+ 增加播放量和互动，以此提升内容的曝光机会。例如，一个新账号发布了一条优质的短视频，但曝光量不高。此时就可以考虑使用 DOU+ 服务，为视频购买曝光。平台会把这个视频推送给更多潜在粉丝，增加了粉丝数量和互动。

二、巨量广告

巨量广告是抖音平台的商业化数字营销服务，为客户提供更广泛的广告投放服务，适用于有更大预算和更复杂营销目标的主播和企业。如想要在直播间增加销量，或者是推广自己的抖音号等，巨量广告就有多种推广目的供选择。例如，一家电商企业希望推广公司的一个新产品，可以考虑设计一系列广告视频，然后通过巨量广告进行投放，触达目标用户，提高产品知名度和销量。

三、巨量千川

巨量千川是一种基于用户兴趣和行为的精准广告投放服务，如图 32-1 所示。适用于多种电商营销场景，如直播带货，通过精准广告推送为直播间引流，提升直播的观看人数和互动，增加销售机会；又如短视频营销，利用优质短视频内容吸引用户，提高用户的参与度和转化率；再如节点大促，在特定的促销节点，如"双十一"、"618"等，通过巨量千川加大推广力度，把握销售高峰。例如，作者希望吸引更多学生报名我的课程学习，使用巨量千川定向投放广告，广告能够精准触达有学习需求的用户群体，提高了产品销售转化率。

图 32-1　巨量千川

四、巨量本地推

巨量本地推专注于本地化推广，帮助本地商家吸引周边用户，适用于本地生活服务商家，如餐饮、美容、美发、护理等行业，可以通过巨量本地推增加在本地门店的曝光和团购成单，还能够增强品牌在本地市场的影响力，提高投资回报率。例如，一家新开业的餐厅为了吸引周边居民，通过巨量本地推投放广告，强调本餐厅的特色和优惠活动，吸引周边用户到店消费，增加知名度，提高销售额。

五、企业号

企业号是抖音为企业用户提供的官方账号服务，提供更多的营销和管理功能，适用于企业品牌建设，通过蓝V标识增强品牌权威性，建立用户信任感；也有利用企业产品推广，通过视频置顶功能、智能剪辑工具等，向海量客户展示产品和服务，以此吸引客户。例如，某一个品牌希望通过抖音建立官方形象，那么，就可以考虑注册企业号，发布品牌故事和产品介绍，通过建立品牌官方形象，来增加用户信任度。

六、巨量星图

巨量星图是一种利用抖音网红资源进行推广的服务，适用于品牌建设，通过与网红达人合作，加强品牌传播，提升品牌影响力。例如，一家时尚品牌希望扩大其影响力，与抖音上的某时尚网红合作，通过巨量星图，利用网红的影响力，迅速提升企业品牌的知名度。

七、巨量算数

巨量算数是基于数据驱动，洞悉消费趋势的广告优化服务，适用于品牌营销和市场研究，使用巨量算数可以了解市场趋势与品牌竞争现状，评估品牌营销效果，优化公司的广告投放，合理安排广告投放周期，优化媒体渠道资源合作，从而提升广告效果。例如，某一个软件应用开发商希望提高其产品应用的下载量，使用巨量算数分析用户数据，优化广告投放策略，使公司的广告投放更加精准，明显提高了产品应用的下载量和用户活跃度。

上文描述了抖音提供的 7 种推广方式，读者只要根据自身情况，合理选择和利用这些推广工具，就能够有效提升品牌知名度，吸引潜在客户，并提高产品销售业绩。

第三十三节　巨量千川的登录入口

巨量千川是巨量引擎旗下的电商广告平台（巨量引擎官方入口：https://www.oceanengine.com/），为商家和创作者提供电商一体化营销解决方案。巨量千川为小店商家广告搭建广告投放一体化平台。该平台支持直播、商品推广，并支持移动端和 PC 端投放。

抖音平台重点发展直播和电商，因此巨量引擎为直播和电商设置了专门的入口。

一、PC 端入口

巨量千川入口地址：https://qianchuan.jinritemai.com/。商家账号可以直接登录，达人需要开通橱窗才能登录。商家可以通过以下方式进入巨量千川推广平台。

1. 直接登录

商家账号直接登录巨量千川，如图 33-1 所示。

篇章一 直播 第八章 直播投流

图33-1 商家账号登录巨量千川

2. 巨量百应

通过巨量百应进入，路径为登录巨量百应—"直播管理"—"直播中控台"—"选择直播工具"—"直播推广"，如图33-2所示。

图33-2 通过巨量百应进入

二、手机端入口

对于手机端的入口为"小店随心推"，可以推广带货直播间，也可以推广包含小店商品的购物车短视频和图文，如图33-3所示。例如，一家电商平台上

人人可学的会计自媒体

的服装店希望通过直播提升销量。在巨量千川上创建广告账户，策划直播内容，包括服装展示、穿搭建议等，设计促销活动，如限时折扣、优惠券等。然后登录巨量千川平台，设置直播推广计划，利用平台的自动化工具，优化广告投放，在直播中积极与观众互动，引导观众购买。

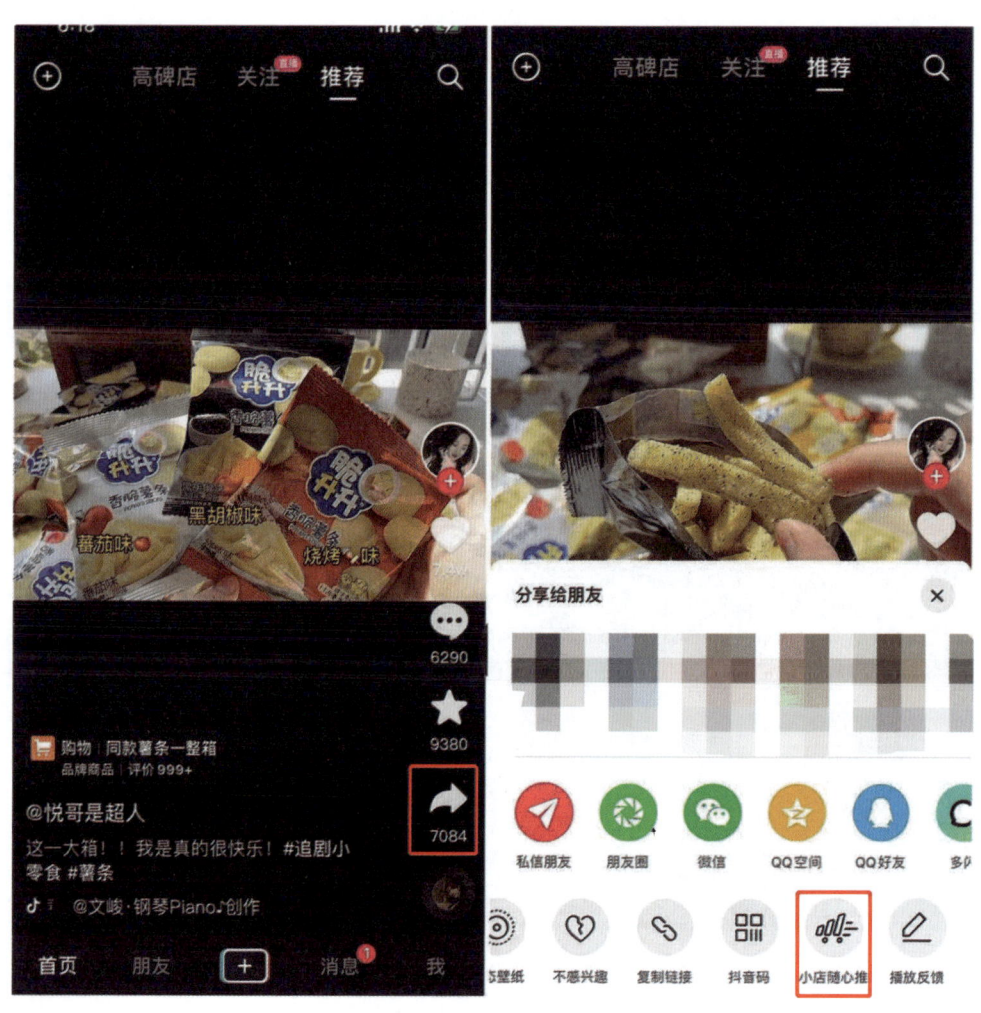

图33-3 小店随心推

巨量千川为企业提供了一系列强大的广告和推广工具，适用于不同的营销目标和预算。通过合理利用这些平台，企业可以有效提升品牌知名度、吸引潜在客户并提高销售业绩。

第三十四节　巨量千川账户的注册要求

一、普通达人

普通达人只需要抖音实名认证＋身份证上传，如表34-1所示。

表34-1　普通达人的注册要求

业务角色	对应的抖音用户类型	开户资质要求	上传要求
普通达人	普通达人(未开通电商橱窗权限的)	1.开户资质：抖音实名认证＋身份证正反面 2.投放、行业资质：无要求	需要完成抖音实名认证＋身份证正反面

二、电商达人

电商达人只需要开通橱窗，如表34-2所示。

表34-2　电商达人的注册要求

业务角色	对应的抖音用户类型	开户资质要求	上传要求
电商达人	开通了电商权限的达人	1.开户资质：复用商品橱窗主体资质； 2.对公验证： a.主体资质为企业：复用商品橱窗对公验证； b.主体资质为个人：无 3.投放、行业资质：无要求	需要完成抖音实名认证＋身份证正反面

三、商家

商家（企业或个体工商户）的注册要求如表34-3所示。

表 34-3　商家（企业或个体工商户）的注册要求

业务角色	对应的抖音用户类型	开户资质要求	上传要求
商家认证为抖店官方账号	认证为抖店官方账号的达人	1.开户资质：复用商品橱窗主体资质； 2.对公验证： a.主体资质为企业：复用商品橱窗对公验证； b.主体资质为个人：无 3.投放、行业资质：无要求	默认拉取店铺的主体资质，无须二次上传

第三十五节　巨量千川与抖音账号绑定

一、巨量千川的功能

公司有多个直播间，投放、账户该如何分开使用且统一管理呢？这就需要用到巨量千川的功能。

巨量千川账户与抖音号绑定的有 3 种关系：官方、自运营、合作达人。

官方是指巨量千川账户绑定的唯一抖音号。

自运营是指可以使用该抖音号进行全部广告推广活动，如发布视频到该抖音号主页、推广该抖音号下的视频、推广该抖音号的直播间等。

合作达人是指可以使用该抖音号进行部分广告推广活动，如推广该抖音号下的视频、推广该抖音号的直播间等。

二、巨量千川的绑定过程

第一步：登录巨量千川抖音账号，然后可以添加授权，如图 35-1 所示。

篇章一 直播 第八章 直播投流

图35-1 添加抖音号

第二步：添加授权账号，如图 35-2 所示。

图35-2 添加授权账号

第三步：获取合作码，可以登录，如图 35-3 所示。

115

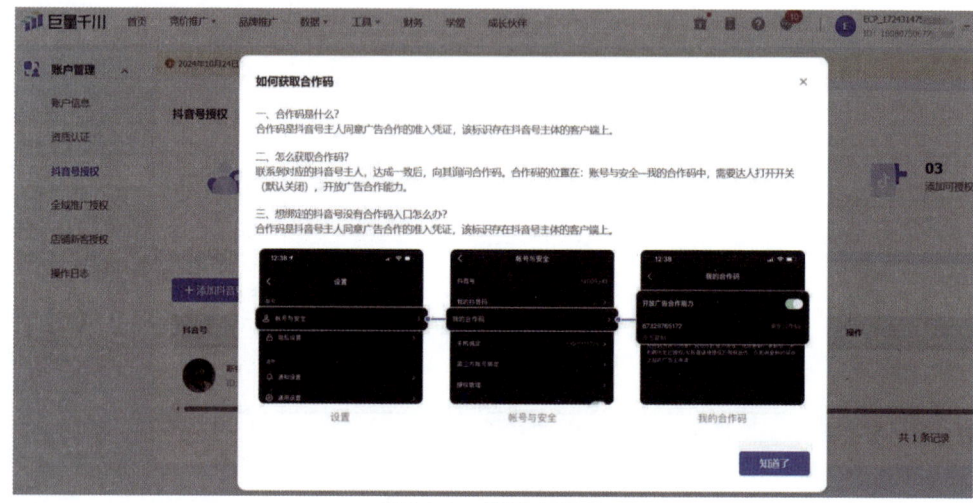

图35-3 获取合作码

第三十六节 巨量千川投放功能模块

一、主要推广商品和直播间功能模块

登录巨量千川后,便可以看到主要推商品和推直播间的功能,如图36-1所示。

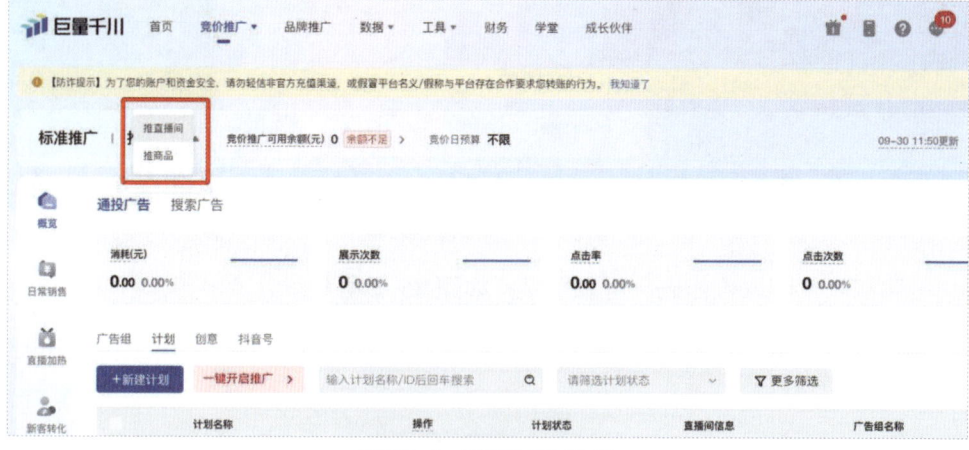

图36-1 "推商品"功能

二、品牌推广模块

巨量千川可以进行品牌推广，内容包括整体概览（不含搜索）、信息流广告、内容种草广告、商城广告、开机位广告、搜索广告等，如图36-2所示。

图36-2　品牌推广模块

三、竞价推广模块

选择"竞价推广"菜单，可以查看推直播间的数据概览。广告分为"通投广告"和"搜索广告"两种，同时还可以新建广告组、计划、创意和抖音号，如图36-3所示。

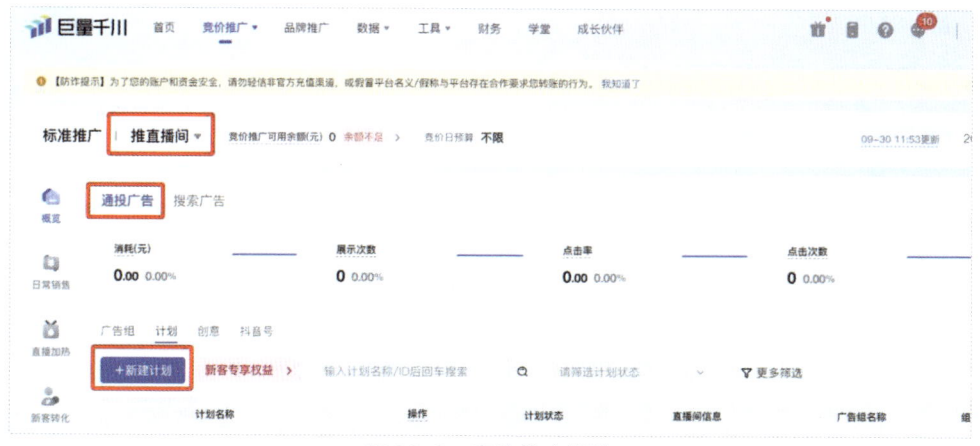

图36-3　竞价推广模块

四、竞价数据模块

可以选择"数据"—"全域数据"选项，查看推直播间的数据效果，如图36-4所示。

图36-4　竞价数据模块

五、人群数据模块

可以选择"数据"—"标准数据"选项，在"人群分析"选项中查看推广的数据效果，如图36-5所示。

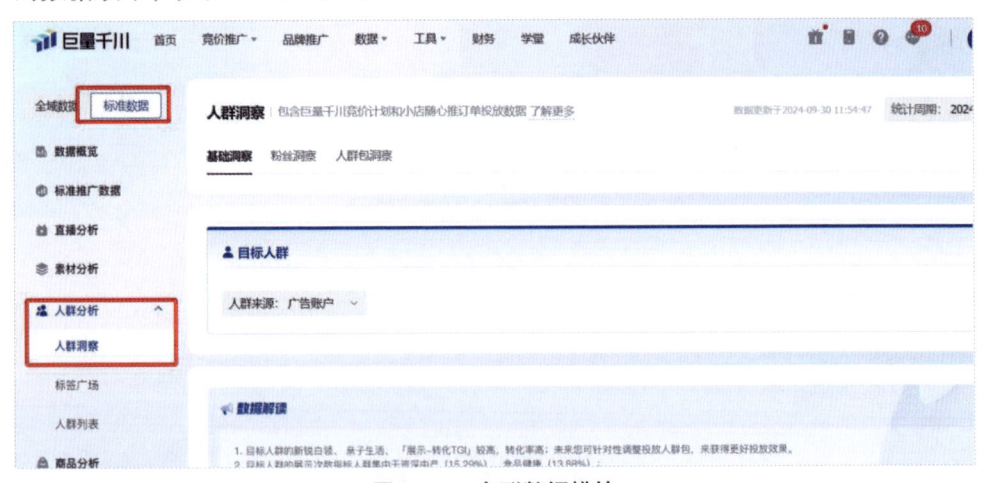

图36-5　人群数据模块

六、工具模块

巨量千川中的常用工具包括视频库，在其中可以上传监测创意短视频，如图36-6所示。

图36-6　工具模块

七、付费推广模块

巨量千川的付费推广分为两种：一种是DOU+，可以给不带货的短视频或直播间加热。另一种是巨量千川，移动版的巨量千川名为"小店随心推"，可以推广带货直播间或带货的短视频，如图36-7所示。

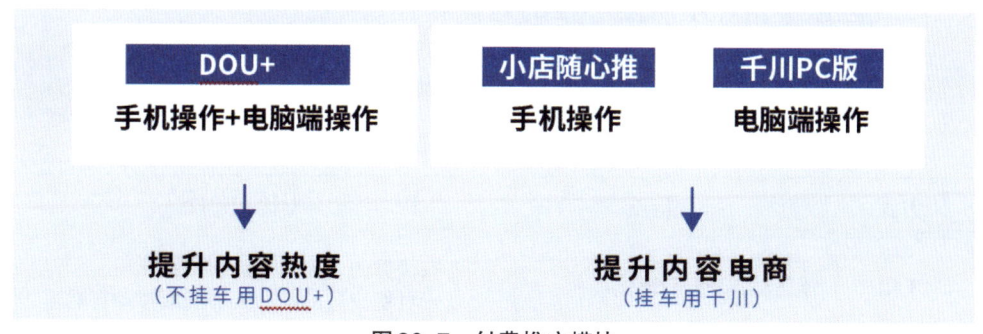

图36-7　付费推广模块

利用抖音平台强大的内容属性，可以实现广告和电商全方位融合协同，推动内容电商的广告收入可持续增长。

第三十七节　投放技巧

一、直播间流量的来源

在直播间流量部分，带货直播间的流量有以下几种类型，如表37-1所示。

表37-1　直播间十七大主要流量来源入口分类

业务角色	推荐feed	直播广场	其他推荐场景
	同城	关注	短视频引流
	搜索	其他	抖音商城
	个人主页	头条西瓜	活动页
付费流量	千川PC	千川品牌广告	小店随心推
	品牌广告		其他广告

需要注意的是，场观大于每小时1000人的直播间可以尝试使用付费流量，再小就没必要调整优化了，因为金额太低，失去了继续优化的意义。

二、巨量千川和小店随心推的对比和建议

巨量千川和小店随心推的对比和建议如表37-2所示。

表37-2　巨量千川和小店随心推的对比和建议

方式	特点	对比和建议
千川	流量精准，易于转化	要有优秀的货盘及主播承接；基于付费流量的精准人群模型拉动自然流
随心推	可以小额购买作为直接流量来源的补充	不作为主要流量来源；配合自然流起号和短视频起号综合应用

篇章一　直播　第八章　直播投流

打开巨量百应-数据参谋-直播数据-直播大屏,查看专业版直播大屏,可以查看具体的流量渠道详情,如图37-1所示。

图37-1　查看流量渠道详情

三、付费流量的调整策略

广告ROI=4:花了1块钱,能带来4块钱的销售额。通过广告进来的流量产生的销售额/广告的消耗,如图37-2所示。

图37-2　广告ROI和整体ROI

整体ROI=15:花了1块钱,能带来15块钱的销售额,直播总销售额/广告的消耗。

付费渠道的推广成果占比如表 37-3 所示。

表 37-3 付费渠道的推广成果占比

付费流量渠道名称	流量占比	成交金额	成交金额占比	千次观看成交
千川 PC 版	11.28%	￥255.98	24.42%	￥2169.32
小店随心推	11.09%	￥119.96	11.449%	￥1034.14
品牌广告	0.00%	￥0	0.00%	￥0
其他广告	0.00%	￥0	0.00%	￥0
千川品牌广告	0.00%	￥0	0.00%	￥0

占比标准：超过 40%。

指标判断：能赚钱，健康比例，保持。

原因分析：暂无。

调整策略：

（1）在保持收益比例的前提下加大预算投放。

（2）提高自然流量，逐步优化占比，提高抗风险能力。

在保持收益比例的前提下加大预算投放，以及提高自然流量，逐步优化占比，提高抗风险能力。这表明当前的广告策略需要在保持效率的同时增加投入，以实现更高的成交金额。

占比标准：超过 40%。

指标判断：不赚钱，人货场或投放策略问题。

原因分析：付费流量的成交、停留、互动、转粉指标较差。

调整策略：

（1）人群定向与投放目标优化千川 ROI。

（2）优化人货场。

（3）优化直播间玩法拉动自然流。

重点关注的抖音四大核心流量来源：

（1）自然流量—推荐 Feed 流。

（2）自然流量—关注 tab。

（3）自然流量—短视频。

（4）付费流量—巨量千川。

四、自然流量的调整策略

自然渠道的推广成果占比如表 37-4 所示。

表 37-4 自然渠道的推广成果占比

自然流量渠道名称	流量占比	成交金额	成交金额占比	千次观看成交
搜索	71.00%	¥0	0.00%	¥0
个人主页&店铺橱窗	18.84%	¥0	0.00%	¥0
其他	5.80%	¥0	0.00%	¥0
直播推荐	4.36%	¥0	0.00%	¥0

占比标准：超过 40%。

指标判断：非优质流量占比太高，调整。

原因分析：废号、福袋粉丝多或私域直接转入流量。

调整策略：建议换号或私域深度策划。

五、开播前精准定向广告计划策略

为应对不同的突发状况，开播前需搭建起码 3 组不同定向的计划组。

A 组：投放通知。

投放目标：主播粉丝。

投放作用：通知粉丝开播。

出价：偏高。

预算：2000 左右。

B组：精准投放。

投放目标：主力消费人群。

投放作用：精准引流。

出价：正常。

预算：主力预算。

C组：投放范围。

投放目标：大面积消费人群。

投放作用：大量引流。

出价：正常。

预算：存量预算。

六、每组内计划的转化目标分布规律

围绕观看、商品点击和成单这3个转化目标，对合理的计划量与预算量进行分配，同一转化目标设置多个计划，以防出现预算消耗过快不受控制的现象。

七、实时重点数据观察

投放过程中优化师需要实时根据数据反馈对投放行为进行优化调整，如表37-5所示。

表37-5 优化调整计划预算

计划预算（元）	出价（元）	消耗	点击率	直播间点击商品数	直播间订单量	直播间7日订单金额
0	0	0.00	0.00%	0	0	0.00
800.00 按日预算	2.00 OCPM	0.00	0.00%	0	0	0.00
3000.00 按日预算	32.00 OCPM	0.00	0.00%	0	0	0.00

上表中的表头文字的含义分别如下。

出价：根据转化目标而定。

消耗：当前计划的消耗情况。

点击率：（点击数/千次展现）代表的直播内容是否吸引人，画面与声音占比很高。

直播间点击商品数：代表了商品的受欢迎程度及主播的语言技巧吸引力。

八、计划的不同阶段

一个计划开启之后会有3个阶段，学习期代表计划的起量情况，"保"代表计划的保价状态，优化期代表计划阶段的目标是持续改进广告的表现。

开关	广告计划名称	操作	计划状态	推广目的	广告组名称	账户名称计划预算（元）	出价（元）
	总计(共29项)						
0	成单毛衣	访问 数据 删除	·已暂停	抖音号推广		2700.00 按日预算	28.00 oCPM
0	点击毛衣	访问 数据 删除	·已暂停	抖音号推广		700.00 按日预算	1.10 oCPM

1. 学习期：

蓝色：代表计划正在学习中，会推荐给少许用户测试。

绿色：代表计划已经在起量阶段开启正常消耗。如图37-3所示。

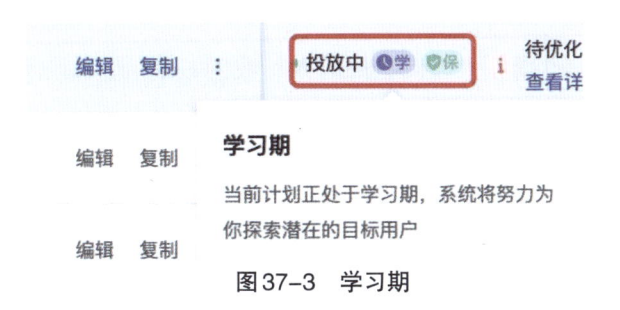

图37-3　学习期

2. 报价期：

绿色：代表计划已经在起量阶段开启了正常消耗。

杂色：系统不会给予赔付。如图 37-4 所示。

图 37-4　报价期

九、修改出价的注意事项

1. 穿插出价

假设 25 元是可以接受的成本价，那么可以分计划设置 20 ～ 30 出价的计划，增加上下行计划，有助于探寻更低成本和跑量问题。

详情编辑复制	抖音号推广	·已暂停	30.00 OCPM	2000.00 按日预算
详情编辅复制	抖音号推广	·已暂停	20.00 OCPM	2000.00 按日预算

2. 高开低走

参考 ECPM 计算公式，即 ECPM = CTR × CVR × 出价 ×1000，如果我们在 CTR 和 CVR 还好，不用做太大调整的时候，我们只能通过高出价的方式来修正系统的预估 ECPM，这个时候提价幅度可以在 10%-20% 来投，待量的问题得到稳定缓解后，我们再用上面的方法逐步降价，计划分时降价或者新建计划调低出价。在广告的世界里，参考 ECPM 计算公式——即 ECPM = CTR × CVR × 出价 ×1000——是我们的"葵花宝典"。这个公式揭示了广告收益的秘密：ECPM

代表广告的每千次展示收益，CTR是点击率，CVR是转化率，而出价则是广告主为每次点击或转化愿意支付的费用。

当CTR和CVR的表现令人满意，这表明广告内容具有吸引力，且转化效果良好。若要进一步提升广告收益，我们可以通过调整出价来实现。例如，将出价提高10%至20%，可以增加系统对广告的好感，从而获得更多的展示机会。一旦广告的展示量和成交量稳定增长，则可以逐步降低出价，比如每次减少5%，同时密切监控效果。如效果依然保持良好，则可以继续微调，直至找到最优的出价点。

总而言之，这一策略要求广告主灵活调整出价，既要确保广告获得足够的展示，又要合理控制成本，以实现广告效果的最大化。

CTR	CVR	出价 t
CTR	CVR t	出价

十、计划之间的优胜劣汰

不是所有的计划都需要被实施，要及时关停或调整劣质计划，不断复制优质计划。

计划情况	表象	成因	解决办法
启动过慢	8分钟没有"学"与"保"字，无消耗	ECPM评分过低	提高出价
学习期不过	"学"字为蓝色，消耗过慢	出价过低	提高出价
计划消耗过快	消耗过快	人群包过大或出价过高	根据转化选择性关停
成单计划跑不起来	观看能跑成单跑不起来	直播间内转化量过少	优化直播间商品
匀速优质跑量	计划匀速消耗并且有转化		不断复制本计划
直播间的投放具有时间段、突发状况多、数据波动大等特点，需要优化师能够及时根据情况做出调整			

十一、优秀计划的最大利用

已经起量的优质计划（ROI 数据良好）可以多次使用，每天直播时都可以打开计划进行投放。对于已经起量的优质计划（ROI 数据良好）的情况，可以每天都开启计划进行投放，这类计划的 ROI 表现不错，不需要过分担心。简单来说，就是如果一个广告计划的回报率（ROI）很好，那么就可以持续使用这个计划，每天直播时都进行投放。这样的计划通常已经过了初期的测试和调整，现在正处于稳定且高效的运行状态，因此不需要有过多的顾虑。

	广告计钢名称	深作	计划状态	推广目的	广告切名称	新户名作	计以和（元）	出价（元）	
	总计(共29项)								
	成单毛衣1	访问数据删除	·已暂停	抖音号推广			2700.00 按日预算	23 oCPM	00 M
	点击毛衣	访问数据删除	·已暂停	抖日号推广			700.00 按日预算	1.10 oCPM	

篇章二　短视频

第一章　账号

第三十八节　会计账号定位

在抖音等社交媒体平台上，账号定位是吸引目标受众和实现营销目标的关键步骤之一。本文将介绍在会计领域做好账号定位的方法。

一、起号流程

起号可以分为小白起号和专业起号两种形式，这里以小白起号为重点进行讲解。小白起号的流程主要分为4个步骤。

1. 有想法

这是起号的第一步，创作者需要有一个清晰的内容创作方向或主题。这个想法应该是独特且有吸引力的，能够引起目标受众的兴趣。例如，一个对美食烹饪感兴趣的小白，想创建一个制作简单快捷家常菜的账号。这个想法要能够解决受众人群的需求，如上班族的便捷烹饪需求或者烹饪初学者的学习需求。

2. 注册账号

在确定好内容方向后，下一步是选择合适的平台注册账号。通常考虑选择一个响亮的用户名、编写一个吸引人眼球的个人简介，并配置个人资料图片。例如，上文的美食博主在抖音或B站上注册账号，用户名"××家常菜"，并在个人简介中写上"每日分享快捷的家常菜谱，让烹饪变得轻松有趣"，类似这样的简介能够快速吸引目标受众的关注。

3. 制作视频

注册完账号后,创作者需要开始制作视频内容,包括内容策划、视频拍摄、编辑和后期制作等步骤。例如,策划每一期的"10分钟制作三道菜"。然后进行拍摄,确保画面质量清晰,光线充足,声音清晰。编辑视频时,再添加字幕、背景音乐和特效,使视频更具吸引力。

4. 发布作品

视频制作完成后,最后一步是发布作品。选择合适的时间,撰写引人注目的标题,并使用合适的标签以提高视频的可见度。例如,视频编辑完成后,选择用户活跃度较高的时段发布,比如晚上7点到9点。标题可以是"下班回家不知道吃什么? 10分钟教你做3道美味家常菜",并使用标签,如"#家常菜""#快速烹饪"等,以增加视频的曝光率。

对于专业起号流程,如图38-1所示,限于篇幅,本文这里不做详细描述。

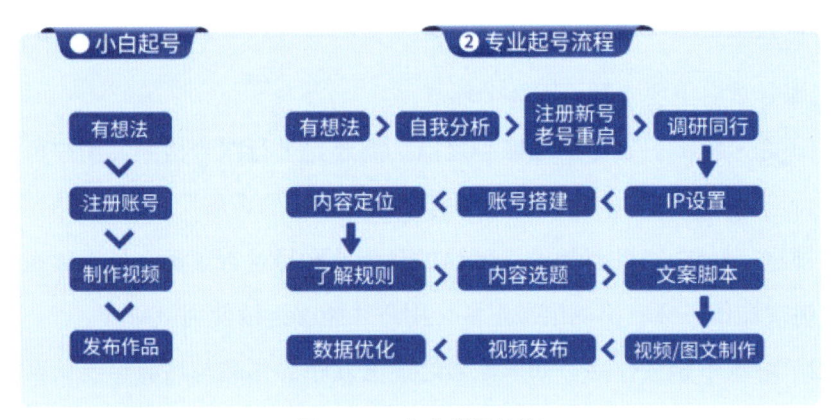

图38-1 专业起号流程

二、如何做好注册新号和老号重启

1. 注册新号

注册新号主要分为以下两个方面。

(1)手机号和身份证绑定。在注册新账号时,建议使用自己的手机号和身份证进行绑定。这样做可以避免后续可能出现的一些问题,如账号安全问题、身份验证问题等。使用真实的信息注册账号，有助于提高账号的可信度和安全性。例如，小王是一名大学生，他想要注册一个新的抖音账号来分享自己的学习生活。于是，用自己的手机号和身份证信息注册一个新号，然后就可以使用了。

（2）身份证绑定限制。根据规定，一张身份证只能绑定一个账号。如果用户已经有其他账号绑定了身份证，那么在注册新账号时，需要先进行换绑身份证或者注销之前的账号。换绑身份证意味着将当前账号的身份证信息更换为另一张身份证，而注销账号则是彻底关闭之前的账号，释放身份证信息，以便用于新账号的注册。例如，小陈是一名自媒体工作者，之前用身份证注册了一个抖音账号，用于分享旅游视频。小陈现在想要注册一个新的账号来分享美食制作。由于一张身份证只能绑定一个账号，小陈必须先注销之前的旅游账号，然后再使用自己的身份证注册新的美食账号。

2. 老号重启

老账号重启主要包括以下3个环节。

（1）账号检测。在重启老账号之前，需要先进行账号检测。用户可以通过打开抖音应用，点击右上角的三个点符号进入"我的客服"，然后选择"账号检测"选项进行操作。"账号检测"的目的是确认账号是否正常，是否存在异常行为或者违规操作。只有检测结果正常，用户才能够继续使用该账号。

（2）隐藏不相关作品。如果账号之前已发布的作品与当前想要从事的行业无关，建议将这些无关作品隐藏。隐藏作品可以避免给新粉丝留下错误的印象，同时也有助于维护账号的专业形象。例如，小王是一名健身教练，之前注册了一个抖音账号分享健身知识，后来因为工作忙碌而停止更新。小王现在想要重启这个账号，于是先进行了账号检测，确认账号状态正常后，就隐藏了之前发布的一些与健身无关的视频，然后开始发布新的健身教程。

（3）粉丝数量考量。如果账号之前已经积累了较多粉丝，比如3000多名，这些粉丝是因为之前的作品而关注这个账号，那么，在重启账号时需要做特别考虑。这些粉丝可能对新的内容不感兴趣，那就可能会影响账号的活跃度和新粉丝增长。在这种情况下，建议考虑使用新号，或者注销老账号后重新注册。例如，小赵是一名时尚博主，抖音账号有5000+名粉丝，如果现在想转型成为美妆博主，但由于担心现有的粉丝会对新内容不感兴趣而影响账号定位，因此决定注销老账号，用新的身份信息注册了一个新的美妆账号。

通过上文分析，可以看到无论是新号启动还是老号重启，会计主播都需要对账号进行精准定位。

第三十九节　会计账号 IP 设置

账号 IP 是指一个账号让观众记住并产生喜爱的元素。比如有的主播经常说一句口头禅"OH MY GOD"、周鸿祎每次拍摄视频都会身穿一件红色的衣服等。

账号 IP 的设置有 12 大超级符号可以选择，这些符号不一定都要用上，一般情况有 3～5 个特色符号即可，如表 39-1 所示。

表 39-1　IP 打造的 12 大超级符号设计表

符号	举例	我的账号
身份	集团董事长	
性格	开朗活泼	
服装	红色T恤	
道具	一把写着"财"字的扇子	
造型	光头	
妆容	淡妆	
音乐	《斗地主纯音乐》	
动作	打开扇子—挑眉	

续表

符号	举例	我的账号
语言	幽默风	
场景	办公室	
标语	"我的天"	
口头禅	霸气可以外漏,但财不可以外漏,我是财霸,关注我不吃亏	

第四十节　会计账号搭建

会计直播账号包括5要素,分别是账号名称、账号简介、账号头像、置顶视频和封面。

一、账号名称

昵称是用户认识直播间的第一张名片,第一时间让用户了解直播间信息,知道在直播间听到什么内容,这些内容是否对他有帮助,给用户一个关注直播间的充分且必要的理由,越简单越好。一个容易记忆的账号名称更容易获取精准的搜索流量。

1. 公式

账号名称1:艺名+行业赛道。

如"桃子财税、咕咚美妆、清灵水果"等。

账号名称2:名字+做什么事。

如"奇迹聊财税、虎哥说车、老爸评测"等。

2. 注意事项

账号名称还需要注意以下几点。

（1）昵称30天可以修改4次，但是最多不要超过12个字，其实3～5个字就足够了，要不然用户根本记不住，越简单越容易传播。

（2）不要用生僻字，更不要自己造词，通俗易懂且大众容易记住的才是最好的。

（3）尽可能不要中英文混合，或者是汉字和拼音混合，也不要添加表情符号，因为用户搜索起来会特别困难。

（4）不要轻易地修改昵称，最好让自己的全网昵称都能够保持一致，用户比较好搜索。

二、账号简介

抖音账号简介的上限是100个字，每一行最多24个字。不要只写一段，顶完整行，最好分成3～5段，留一些设计上的留白，这样能够让重点信息更加突出，如图40-1所示。

图40-1

人人可学的会计自媒体

1. 公式

数据佐证＋个人背景＋具体定位。

2. 案例

江勇米友荟创始人；

开元教育集团创始人；

中国企业财务管理协会会长；

23 年从业经历；

27 岁成为财务总监；

40 岁成为 A 股上市公司董事长；

每天 6∶30 至 8∶30 开播。

三、账号头像

账号头像一般使用高清职业照或形象照，如图 40-2 所示。

图 40-2

头像的设置的 3 个原则如下。

（1）真人出镜。

（2）让人一眼看过去就知道你是做什么的。

（3）好看而且有记忆点。学习文化教育类的 IP 账号，头像一般会增加一些专业背书。但凡出了爆款，就会大大增加你的品牌的曝光度。

抖音账号名称、简介、头像是可以更换的，但是每月有更改次数限制。多次更换会影响抖音账号的权重与系统对账号标签的识别，造成抖音的限流，而且不能在个人资料页面做站外引流。

四、置顶视频

置顶视频能够体现财税专业老师人设，内容一定要优质，点赞互动率量高。置顶视频使直播间表达力差异化，有吸引力。如图 40-3 所示。

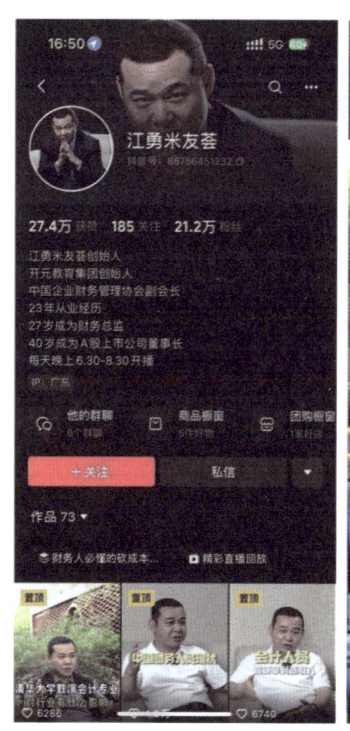

图 40-3　置顶视频

五、封面

抖音主页作品页面里，可以让观众在未点开视频前，对该作品内容的大致内容一目了然，好的封面可以为作品带来流量。如图40-4所示。

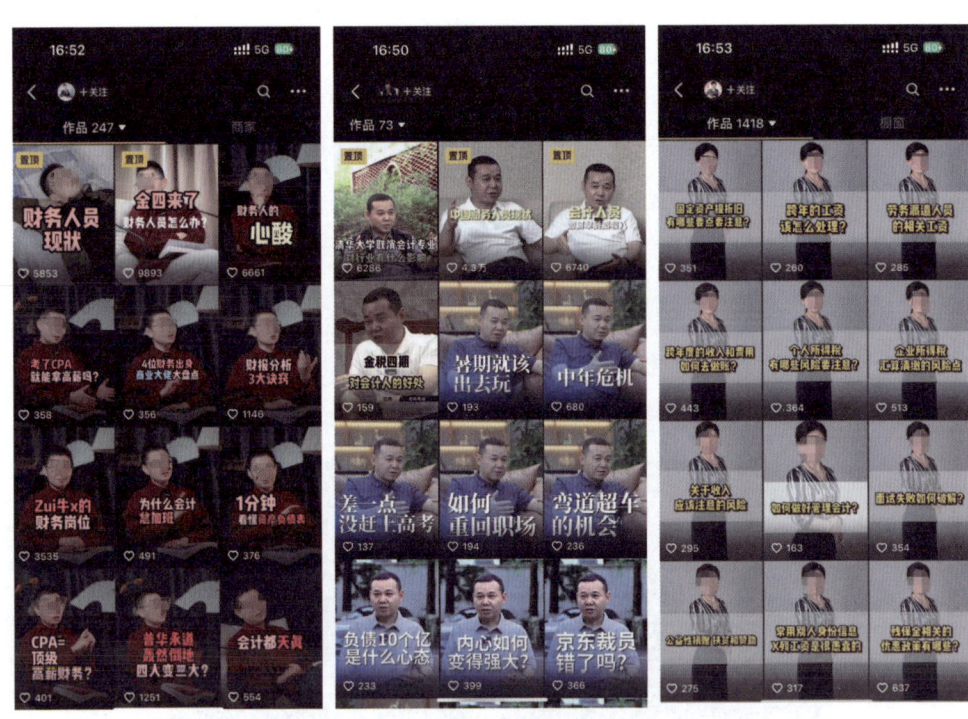

图40-4　封面

第四十一节　会计账号内容定位

抖音等短视频平台已成为企业和个人宣传和教育的重要渠道。对于专注于财税知识分享的抖音账号来说，内容定位是吸引目标人群的关键。本节主要讲解会计账号如何定位的知识。

一、明确内容定位的重要性

内容定位是制定内容制作方向和思路的基础。主播只有了解目标人群的特征，如年龄、性别、兴趣爱好和痛点，才能够找到吸引目标人群的兴趣点。例如，企业老板关注某一个财税知识分享类账号，则很显然是想通过了解财税知识，以便更好地管理企业。

要做好内容定位，需要关注以下两点。

1. 目标人群

例如，目标人群是企业老板，具有的特征通常有以下几个方面。

（1）年龄：大多数企业老板的年龄在30～55岁之间。

（2）性别：性别不限，但可能以男性为主。

（3）兴趣爱好：可能对企业管理、财务自由、税务规划等话题感兴趣。

（4）痛点：可能面临税务合规、成本控制、财务风险管理等方面的挑战。

2. 内容板块

内容板块是账号内容的分类，能够帮助观众快速找到他们感兴趣的内容。对于老板来说，以下两个内容板块通常是他们感兴趣的内容。

（1）"企业财税的那些事儿"，这个板块可以涵盖企业财税的基础知识、常见问题和案例分析。

（2）"企业需要避开的100个坑"，这个板块专注于分享企业在财税方面容易犯的错误，以及如何避免这些可能存在的风险。

例如图41-1中所示的案例，这位博主的目标客户是老板，账号专注于为企业老板提供实用的财税知识，帮助他们在确保财税安全的同时为企业创造更大的价值。因此，可以看到"专注于老板财税干货分享""顶级架构、财务管理、税务方案"等内容。

图41-1　明确内容定位

二、做好合集内容

合集内容是账号内容方向的核心，所有内容都应围绕合集主题展开。例如，合集主题是"企业税务筹划"，那么账号的所有内容都应该与税务筹划相关。可以分享企业在日常运营中采用的节税方法。涉及的主要内容包括以下3点。

（1）专业性：提供专业的税务规划建议。

（2）案例分析：让企业老板看到税务规划的实际效益。

（3）个性化建议：提供个性化的税务规划建议。

成功的财税知识分享账号需要明确的目标人群定位，实用的内容板块设置，以及与粉丝的良好互动。通过提供专业、易懂、及时的内容，可以有效地吸引并维系目标观众，提升账号的影响力。

第四十二节　会计账号策划表

设计一张会计账号策划表能够快速对自己的账号进行定位，减少试错风险，如表 42-1 所示。

表 42-1　会计账号策划表

类别		对标账号	我的账号	说明
同行调研	账号名字			填写对标账号昵称及自己的日常昵称
	粉丝数量			填写对标账号粉丝数及自己的当前粉丝数
	账号地区			填写对标账号地区及自己的地区(城市)
	短视频时长	秒	秒	填写对标账号视频时长及自己的视频时长
	短视频月更频次	条/月	条/月	填写对标账号视频更新次数
	短视频发布时间			填写对标账号视频最常发布的时间
	开播时间			填写对标账号最常开始直播的时间是几点
	直播月播场次	场/月	场/月	填写对标账号每月直播的次数
	直播时长			填写对标账号平均直播的持续时长
	粉丝年龄范围			填写对标账号占比最多的两个粉丝年龄范围
	粉丝性别	%男性 %女性	%男性 %女性	填写对标账号的性别占比
	粉丝兴趣			填写对标账号粉丝的前5个兴趣关键词
内容定位	目标人群			填写对标账号和你在抖音想要吸引的人群
	内容板块			填写对标账号和你在抖音的内容板块(合集)

续表

类别		对标账号	我的账号	说明
设计IP符号	身份			分析并填写对标账号带有的IP符号之后，任选1~9种适合自己的IP符号设计
	服装			
	道具			
	动作			
	语言			
	造型			
	音乐			
	口号			
	场景			
账号装修	昵称			名字+行业，如桃子财税、咕咚美妆、清灵水果等 名字+做什么事，如奇迹聊财税、虎哥说车、老爸评测等
	头像			图片
	个性签名			例：我是谁？江勇米友荟创始人 做什么？致力于分享财会人听得懂的干货 价值：领粉丝、会计人资料大礼包 导流：每天晚上6:30至8:30开播 备注：只有一个账号，其他账号私信不可信
	头图			填写引流文字，如进粉丝群或私信"666"领会计人资料
	封面			图片

第二章 规则

第四十三节 会计人必须了解的规则

会计人在抖音平台也要遵守平台的规则及国家的广告法规，因为短视频或者直播可能会曝光在全国人民的视野中，视频或直播内容都要与广告的性质一致，需要了解平台规则和广告法，以免账号作品被限流下架或者直播被封禁，甚至被封号。表43-1所示为常见的规则种类和举例。

表43-1 常见的规则种类及举例

种类	举例
表示权威性的禁忌词	国家×××领导人推荐,国家××机关推荐,以及国家××机关专供、特供等,借国家、国家机关工作人员名称进行宣传的用语
质量免检	质量免检、无须国家质量检测、免抽检等宣称质量无须检测的用语
商标	老字号、中国驰名商标、特供、专供等词语
包含"首/独/国"及相关词语	首个、首选、全球首发、全国首家、全网首发、首款、首家、独家、独家配方、全国销量冠军、国家级产品、国家(国家免检)、国家领导人、填补国内空白等用语
包含"最"及相关词语	最、最佳、最具、最爱、最赚、最优、最先进、最优秀、最好、最大、最大程度、最高、最高级、最高档、最奢侈、最低、最低级、最低价、最便宜、时尚最低价、最流行、最受欢迎、最时尚、最聚拢、最符合、最舒适、最先、最先进、最先进科学、最先进加工工艺、最先享受、最后、最后一波、最新、最新科技、最新科学等含义相同或近似的绝对化用语

续表

种类	举例
包含"一"及相关词语	第一、中国第一、全网第一、销量第一、排名第一、唯一、第一品牌、N0.1、TOP.1、独一无二、全国第一、一流、一天、仅此一次(一款)、最后一波、全国××大品牌之一等用语
包含"级/极"及相关词语	国家级(相关单位颁发的除外)、全球级、宇审级、世界级、顶级(顶尖尖端)、顶级工艺、顶级享受、极品、极佳(绝佳/绝对)、终极、极致等用语
表示品牌地位的相关词语	王牌、领袖品牌、世界领先、遥遥领先、领导者、缔造者、创领品牌、领先上市、至尊、巅峰、领袖、之王、王者、冠军、地王、楼王等用语

第四十四节　会计短视频推流审核机制

作为一个短视频平台，抖音拥有庞大的用户基础和复杂的推荐算法。这个推荐机制确保了高质量的内容能够被更多的用户看到，同时也激励内容创作者生产更优质的视频。从图44-1中可以看到，推流审核流程机制分为多个层级，短视频制作者了解这个推流审核流程，有利于提升短视频的曝光和播放量。如果在过程中违规，会受到限流，严重的会被"停止推荐"甚至"删除视频"。

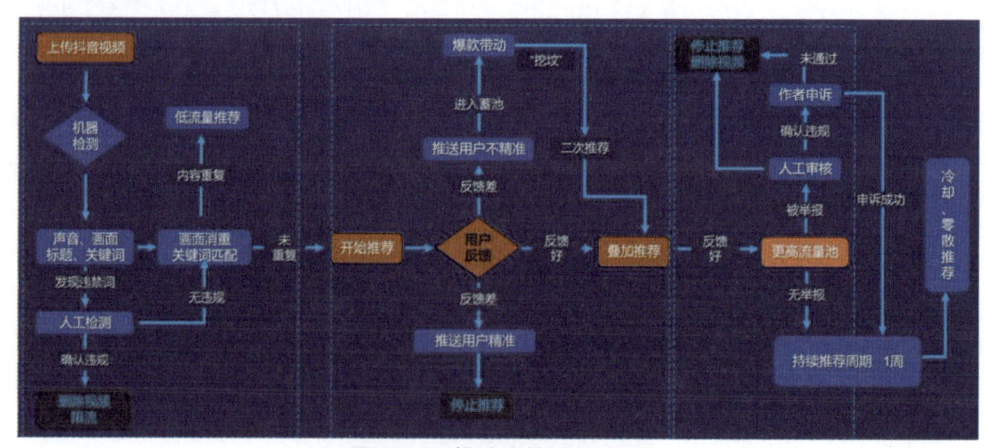

图44-1　推流审核流程机制

篇章二　短视频　第二章　规则

一、倒三角的流量池推荐机制

会计短视频推流审核机制涉及的每个层级都有不同的曝光和播放量。

倒三角的流量池推荐机制，意味着视频内容的推荐是一个逐步筛选的过程。视频需要在每一级流量池中表现良好，才能进入更高一级的流量池，从而获得更多的曝光机会，流量池层级共分为 8 级。

1. 首次曝光

新视频上传后，会获得首波推荐流量，在 300 左右。这个阶段的流量分发主要以附近的人、已关注的用户和好友为主。

2. 二次曝光

播放量达到 3000 左右，视频会获得二次曝光的机会。

3. 三次曝光

播放量达到 1.2 万 ~ 1.5 万左右，视频会获得三次曝光。

4. 四次曝光

播放量达到 10 万 ~ 12 万左右，视频会获得四次曝光。

5. 五次曝光

播放量达到 40 万 ~ 60 万左右，视频会获得五次曝光。

6. 六次曝光

播放量达到 200 万 ~ 300 万左右，视频会获得六次曝光。

7. 七次曝光

播放量达到 700 万 ~ 1100 万左右，视频会获得七次曝光。

8. 八次曝光

播放量达到 3000 万左右，视频会获得八次曝光。

在整个推荐过程中，除了机器审核，抖音还会进行人工检测，以确保推荐的内容符合平台的规则和标准。此外，推荐算法会持续优化，以适应用户行为的变化和市场的需求。

二、多级推荐机制

1. 初级推荐

用户上传抖音视频,获得首波推荐流量 300～500,新视频流量分发以附近、关注和好友为主。

2. 多级推荐

根据首波用户的转发、评论、点赞,以及经完播率达到系统设定的算法,即进入下一级推荐池。

3. 热门推荐

根据系统热门推荐算法,择选优质视频内容,经由人工审核进入热门推荐。最终,根据抖音的热门推荐算法,选择出优质的视频内容,经过人工审核后,可以进入热门推荐。

例如,某会计培训类短视频内容专注于会计人员实战技能分享,在整个推荐过程中的经历如下。

(1)首次曝光:新上传的会计视频首先被推荐给附近的用户和已关注该账号的用户。

(2)二次到四次曝光:如果视频获得了良好的互动(如点赞、评论),视频会逐渐获得更多的曝光,播放量从几百增加到几万。

(3)五次到八次曝光:随着视频播放量的增加,视频有机会被推荐到更广泛的用户群体,包括可能对会计工作内容感兴趣的新用户。

要获得抖音平台的高曝光和播放量,团队需要注重内容、质量和创新性;需要了解并利用抖音的推荐机制,更有效地推广自己的视频,扩大观众群体。

第四十五节　会计人要懂的标签机制

常听人说要去刷同行的视频，不能乱刷其他视频，否则标签会乱，这是真的吗？其实，账号分为创作者标签和用户标签，两者互不影响。使用抖音刷视频属于用户行为，这种情况下经常看的视频只会影响该账号以后刷到什么类型的视频概率大一些，并不会影响该账号发布视频的推广。标签其实是抖音平台为了让内容更好地从创作者触达到用户的一种机制。

抖音账号涉及两种标签：用户标签和创作者标签。本节将介绍这两种标签的形成机制。

一、用户标签

影响用户标签的因素主要有以下 4 个方面。

1. 观看行为

用户在观看视频或直播后，如果进行了点赞、评论、转发、收藏、关注等互动行为，或者观看时间较长，平台会捕捉这些行为，并据此打上相应的用户标签。

2. 偏好设置

用户可以自己在抖音的设置中选择自己偏好的内容类型，这将影响平台推送的内容。

3. 大数据

平台会根据用户在其他应用如购物软件、聊天软件、输入法中的行为等数据，来推送相关内容。

4. 用户信息

用户注册抖音时提供的个人信息，以及在个人主页上设置的年龄、性别、地区等，也会被平台用来初步判定用户对内容的喜好。

例如，小张是一个健身爱好者，他在抖音上经常观看健身类视频，并且点赞、评论和关注这类内容。平台通过这些行为捕捉到张三对健身内容感兴趣，于是给他打上了"健身爱好者"的用户标签。之后，当他打开抖音时，推荐的视频流中就会出现更多与健身相关的视频。

二、创作者标签

影响创作者标签的因素主要有以下 4 个方面。

1. 发布短视频

创作者如果持续发布内容领域一致的短视频，平台更容易识别创作方向，从而给创作者打上标签。

2. 开直播

如果直播间内容保持一致性，平台也会更容易识别创作者的直播内容方向。

3. 涨粉

当账号吸引了足够多具有相同用户标签的粉丝时，平台会根据这些粉丝的标签来识别账号的领域。

4. 售卖商品

如果一个账号售卖的商品类型关联度较高，平台也会据此给账号打上相应的标签。

例如，小李是一个美食博主，经常在抖音上发布自己制作美食的短视频。由于他的内容主题一致，平台很快就识别出他的创作方向，给他的账号打上了"美食制作"的创作者标签。这样，当用户在抖音上搜索美食相关内容时，小李的视频更容易出现在搜索结果中。

因此，抖音的标签机制是通过用户的行为、偏好设置、大数据分析、用户信息，以及创作者的内容发布、直播、粉丝群体和商品销售等多个方面来识别和打标签。这样的机制有助于平台更精准地推送内容给相关用户，同时也能够帮助创作者的内容更容易被目标观众发现。理解了这些机制后，用户和创作者可以更好地利用抖音平台，优化自己的使用体验和内容推广效果。

第三章　内容

第四十六节　会计账号内容选题

当主播做好账号的内容定位，确定账号内容方向（合集），并了解了平台规则和广告法之后，就需要进行内容的题材选择。

那么，在进行会计账号内容创作时，如何选择合适的题材呢？通常需要考虑以下3个方面。

一、节日热搜

这一部分强调了利用节日热度来吸引流量的重要性。例如，临近五一劳动节时，相应的节日话题流量会更多，可以结合节日话题来制作视频内容，以吸引观众的注意力。

1. 五一劳动节

制作一系列关于劳动者权益保护、劳动法相关知识普及的视频，或者通过讲述劳动者的故事来吸引观众。

2. 国庆节

制作关于国家发展成就、爱国主义教育的内容，或者通过展示不同行业的劳动者如何庆祝节日来吸引观众。

3. 春节

制作关于春节传统习俗、家庭团聚故事的内容，或者通过展示春节假期的旅游攻略来吸引观众。

二、用户痛点

这一部分主要是针对特定用户群体的痛点进行内容创作。例如，针对企业老板在财税方面的常见问题，创作相关内容。

1. 财税问题

制作一系列关于如何合理避税、如何进行财务规划的视频，帮助企业老板解决实际问题。

2. 企业注册

制作关于企业注册流程、所需材料、注意事项等内容的视频，帮助创业者了解注册企业的全过程。

3. 税务申报

制作关于税务申报流程、常见问题解答、税务优惠政策解读等内容的视频，帮助企业财务人员提高工作效率。

三、参考同行内容创作

这一部分主要建议创作者观察并学习同行的内容创作，以获取灵感。虽然不鼓励抄袭，但可以通过改良和创新来提升自己的内容质量。

1. 内容创新

观察同行账号中受欢迎的内容，分析其成功的原因，然后在此基础上进行创新，制作出具有自己特色的视频。

2. 形式创新

如果同行账号使用了某种新颖的视频形式（如动画、情景剧等）获得了成功，可以尝试将这种形式应用到自己的内容创作中。

3. 话题创新

关注同行账号中讨论的话题，如果发现有未被充分挖掘的话题，可以围绕这个话题进行深入探讨，制作出有深度的内容。

可以看到，无论是节日热搜、用户痛点还是参考同行，都是会计账号内容创作的重要方向。结合这些方向，可以制作出既有深度又有广度的内容，吸引更多的观众关注。

第四十七节　会计选题策划表

表47-1、表47-2和表47-3是不同方面的会计内容创作选题策划表，从表中可以看到针对不同用户痛点、节日热搜和参考同行的内容选题方向。

一、用户痛点选材内容

表47-1　用户痛点选材内容

痛点	内容
财税知识不了解	可以策划一系列财税知识普及视频，如"财税知识入门""税法解读"等，帮助用户了解基本的财税知识
老板思维不系统	可以策划一系列系统化的财税管理课程，如"企业财税管理全攻略""老板财税思维提升课"等，帮助企业老板建立系统化的财税管理知识
不懂得企业避坑	可以策划一系列企业财税风险识别和规避的内容，如"企业财税风险案例分析""如何规避企业财税风险"等，帮助用户识别并规避风险
与财务产生分歧	可以策划一系列企业老板与财务人员沟通的内容，如"老板与财务的沟通艺术""财税分歧解决策略"等，帮助双方更好地沟通和理解
不了解新政策	可以策划一系列新政策解读的内容，如"2024年新税法解读""新政策对企业的影响"等，帮助用户及时了解和适应新政策
……	……

二、节日热搜选材内容

表47-2　节日热搜选材内容

热搜	内容
中秋节收到公司发月饼要交税吗	可以策划一系列节日福利税务问题的内容,如"节日福利税务指南""公司福利税务问题解析"等,讨论节日福利的税务问题
买一辆小米SU7如何合理交税	可以策划一系列购买大件商品税务规划的内容,如"购车税务规划""大件商品购买税务指南"等,讨论如何合理规划税务
为什么主播会被罚13.41亿	可以策划一系列税务合规案例分析的内容,如"税务合规案例解析""主播税务问题深度分析"等,分析税务合规的重要性
年终奖延期	可以策划一系列年终奖税务问题的内容,如"年终奖税务问题全解析""年终奖延期税务影响"等,讨论年终奖的税务问题
2024年退税开始了	可以策划一系列退税流程和注意事项的内容,如"2024年退税流程指南""退税注意事项解读"等,讨论退税流程和注意事项
……	……

三、参考同行选材内容

表47-3　参考同行选材内容

账号	内容
对标账号1	可以分析对标账号1的内容,了解其如何吸引用户关注,如"对标账号1内容分析""对标账号1成功因素解析"等
对标账号2	可以学习对标账号2的内容创作方法和技巧,如"对标账号2内容创作技巧""对标账号2内容创新策略"等
对标账号3	可以了解对标账号3如何吸引用户关注和互动,如"对标账号3用户互动策略""对标账号3内容吸引力分析"等

续表

账号	内容
对标账号4	可以分析对标账号4如何与用户建立信任和联系，如"对标账号4用户信任建立""对标账号4内容亲和力分析"等
对标账号5	可以学习对标账号5如何及时解读和分析新政策，如"对标账号5新政策解读技巧""对标账号5内容时效性分析"等
……	……

通过上述分析可以看到，会计选题策划表提供了一个系统性的框架，可以帮助内容创作者根据不同的用户痛点、节日热搜和同行账号进行内容策划。

第四十八节　会计文案脚本

一个优秀的会计短视频，离不开优秀的会计文案脚本。文案是短视频内容的重要组成部分，它不仅能够吸引观众的注意力，还能够提高视频的传播效果。一个好的文案能够在短时间内传达核心信息，激发观众的兴趣。本节将介绍编写会计文案脚本的方法。

短视频中一切与文字相关的内容都是文案。一份完整的文案脚本主要包括4个部分：标题文案、封面文案、口播文案、解释文案。

一、标题文案

短视频的标题，用于吸引观众的注意力，如图48-1所示。因此，标题文案需要简洁有力，能够引起目标观众的共鸣。例如，针对财务人员的现状，使用"作为财务人员，你们是不是也是这种状况？"这样的标题来吸引他们的注意，引起共鸣。

图 48-1　标题文案

相关的话题标签，使用"#财务人""#会计人生""#会计干货"等，可以增加视频的曝光率。

使用@相关好友或官方账号，如"@DOU+小助手"等，以增加互动和曝光。

创作技巧：可以使用疑问句、感叹句或者直接陈述事实的方式。

二、封面文案

封面文案是指短视频封面上的文字，用于概括视频内容，如图 48-2 所示。封面文案需要简单明了，一句话总结视频内容。例如，"2024 将严查个人卡"就是一个直接且具有吸引力的封面文案。

图48-2 封面文案

创作技巧：一句话概括视频的核心内容，可以使用数字、关键词或者直接的问题来吸引观众。

三、口播文案

口播文案是指短视频中人物所说的话，通常以字幕形式呈现给观众。这类文案需要清晰、准确，能够准确传达视频中人物的观点和信息。

创作技巧：可以使用口语化的语言，使文案更加贴近观众的日常生活。

四、解释文案

解释文案是指展示人物情绪或者在旁辅助解释、强调的文字。一般用于辅助视频内容，展示人物情绪或强调某些信息。这类文案通常出现在视频中的关键时刻，帮助观众更好地理解视频内容。

创作技巧：与视频内容紧密结合，可以使用情感化的语言或者强调性的词汇，帮助观众理解视频中的关键信息。

一份好的文案能够提高视频的吸引力和传播效果，帮助创作者更好地与观众建立联系。

第四十九节　会计口播文案公式

做抖音难道就是抄别人的文案吗？今天就教你一条公式，让你随时都可以进行原创。这条公式是：

成功的口播＝钩子开头（降低2秒跳出率）＋塑造期待（提高5秒完播率）＋解决方案（质量解决整体完播率）＋结尾（引导互动）

看下面这一条视频的文案：你连公户取钱都不懂，还当什么老板？

那怎样才能光明正大地把公户的钱取出来呢？教你3个实用方法，尤其是最后一个，特别重要。第一，去银行办一张单位结算卡，就能在ATM机上取钱了，银行账单会显示为备用金。第二，拿着单位现金支票去银行窗口领现金，用途写备用金就行。第三，用法人名义办张公务卡，这样可以专卡专用。除了这3种办法你还有辙吗？评论区告诉我。

下面分析这篇文字的结构。

第一句话："你连公户取钱都不懂，还当什么老板？"这句话是一个"钩子开头"，它制造了一个话题的饵，这句话说的是老板关心的话题，用于钩住目标人群。一定要思考视频开头的文字，如果针对用户感兴趣的话题，建议写一句"耸人听闻"的话作为开头。从抖音的数据层面来说，它就是降低了2秒跳出率。

第二句话："那怎样才能光明正大地把公户的钱取出来呢？教你3个实用方法，尤其是最后一个，特别重要。"这句话起到"塑造期待"的作用，它表明了这个视频将会教授3个实用方法，而且最后一个很重要，让你愿意去看完视频的内容，因为你会期待最后一个比较重要的内容。因此在写完"钩子开头"之后，如果不告诉观众视频讲多少内容，哪里是重点，有可能很多人看不到最后，中途就划走了，"教你三个方法，尤其是最后一个""分享5个常用的技巧，尤其是最后一个"等都是非常常用的"塑造期待"的方法。从抖音的数据层面来说，这个"塑造期待"可以贡献5秒完播率和整体完播率。

从第三句话开始就是具体的方法分享。小学学过作文的一种结构，叫总分总。口播文案也是总分总的结构：开头先下一个"钩子"，中间慢慢讲解具体的内容，最后做一个引导总结性的结尾。

结尾要有目的性，因为短视频的内容好坏是由抖音的数据决定的，如何让观众帮助你来做数据，才是我们的目标。那么在结尾可以引导观众做关注、点赞、评论、转发、下单等动作，关键在于我们怎么说。比如这条视频的文案说："除了这3种办法你还有辙吗？评论区告诉我。"

为什么这么说呢？因为人都有一种不服输的心理，利用这种"激将法"似的文字，让观众更愿意去评论区留下评论。也就是需要利用人性的弱点去做一些行动的引导，否则只是干巴巴地说"看完这条视频就给我点个赞"这样类似的话，作用是微乎其微的。

第五十节 会计口播文案示例

一、示例标题：税务局眼里四大"才子"！ #抖音小助手#财税

内容：你了解税务局眼中的四大"才子"吗？

一是500元以内也开票。因为500元以内的支出可以用白条入账。

二是月入10万还交增值税。10万元以内的可以到税务局开临时税务登记证，免征增值税。

三是劳务收入不退税。每年劳务收入低于10万元的，可以通过个税App退税。

四是老板只知道赚钱，不了解税法。老板不懂法其实很危险，会给企业带来严重的财务风险。

二、示例标题：老板私户收款真的会引起税务监管吗？

内容：什么时候私人卡流水过大会被查？#财税#税务筹划#企业#果然财税

说哪个案子是因为私人卡流水过大被查的都是胡扯，你知道吗？个人卡收款，我们可能会觉得是个人卡流水太大，被银行监管了，税务就来查，企业就会被查到。但实际上直接通过私人卡查税的情况比较少，因为我国宪法明确规定，任何一家公权力部门都不能通过开放的系统去查看个人的流水数据。

三、示例标题：老板公转私——三大合理方法#财税#粒子财税

内容：你连公户取钱都不懂，还当什么老板？

注意了，取钱时千万别直接把公户的钱转到个人卡上，这样容易掉进挪用资金和职务侵占这两个大坑，绝对不行！那怎样才能光明正大地把公户的钱取出来呢？教你3个方法。

一是去银行办一张单位结算卡，就能在ATM机上取钱了，银行账单会显示为备用金。

二是拿着单位现金支票去银行窗口领现金，用途写备用金就行。

三是用法人名义办张公务卡，这样可以专卡专用。这3种办法一定要牢记，以后肯定能用到。

四、示例标题：未来十年的税向谁收#财税#税收#老板

内容：如今靠卖地已经行不通了，未来十年中国的税会向谁征收呢？

国家每年都在大幅减税降税,那么国家财政靠什么去支撑呢?先来说国家最大的税种,也是财政的最大支撑——增值税,它占中央财政税收比例的近50%,可谓是"半壁江山"。而且这个税种的税率还在不断下调,从17%到16%再到13%,小微企业和普票增值税都已免征,减下来的税谁来填补呢?这相当于国家给了我们一个明确的方向,那就是用直接税来取代间接税。

第五十一节 会计文案的用户思维

如何才能将会计文案写得更具吸引力。答案是可以通过使用用户思维来提高文案的吸引力。

首先要知道什么是用户思维。用户思维是指在写作过程中,始终将用户或读者的需求和兴趣放在第一位,从而创造出更具吸引力的内容。

在会计文案的写作中,运用用户思维是一种有效的方法,可以帮助文案更好地与读者建立联系,提高文案的吸引力和说服力。

自我思维和用户思维是两种不同的文案写作方式。接下来将详细剖析热门短视频文案的核心逻辑,通过对比来看一下这两种不同思维下的文案创作效果。

自我思维的文案写作方式侧重于作者自身的感受和想法,例如:"今天心情真是太糟糕了,一句话都不想说"或"啊,西藏真是太美了!"这种文案虽然表达了作者的真情实感,但可能无法引起客户或读者的共鸣。

用户思维的文案写作方式是将用户或读者纳入文案中,通过提问或直接对话的方式与读者建立联系,例如:"你们知道西藏究竟有多美吗?"或"你有没有心情很低落,低落到不想说话的时候?"这种方式可以激发读者的好奇心和参与感。

会计文案同样可以采用用户思维来吸引用户,产生共鸣。

【案例1】

原文案：不会计算毛利，做生意能不亏吗？

用户思维文案：你都不计算毛利，做生意不亏才怪呢！

在这个案例中，原文案是一个简单的疑问句，它提出了一个问题，但没有直接指向客户或读者。而用户思维文案通过加入"你"，直接将客户或读者纳入文案中，有代入感，语气更加强烈，更能引起客户或读者的注意。

【案例2】

原文案：开100万的发票要交多少税呢？

用户思维文案：你肯定不知道开100万的发票要交多少税！

同样的，原文案是一个疑问句，它提出了一个问题，但没有直接指向客户或读者。用户思维文案通过加入"你"，直接将客户或读者纳入文案中，语气更加强烈，更能引起客户或读者的注意。

通过上文的两个案例，可以归纳出用户思维文案的要点。

1. 直接对话

使用"你"来直接与读者对话，让读者感觉文案是专门为他们写的。

2. 激发好奇心

通过提问或提出意想不到的观点来激发读者的好奇心。

3. 情感共鸣

通过表达情感或描述情境来与读者建立情感上的联系。

4. 提供价值

确保文案能够为读者提供某种形式的价值，无论是信息、知识还是娱乐。

5. 简洁明了

保持文案简洁明了，避免冗长和复杂的句子。

记清上述要点，接下来用这种思维分析下面的几个案例。

【案例3】会计服务宣传文案

原文案：我们的会计服务可以帮助您节省时间，提高效率。

用户思维文案：你还在为烦琐的会计工作而头疼吗？让我们的会计服务帮你节省时间，提高效率！

【案例4】税务筹划文案

原文案：税务筹划对于企业来说至关重要。

用户思维文案：你知道税务筹划可以为你的企业节省多少成本吗？

【案例5】财务分析报告文案

原文案：我们的财务分析报告清晰、准确。

用户思维文案：你是否厌倦了难以理解的财务分析报告？我们的分析报告清晰、准确，让你一目了然。

在会计文案创作中采用用户思维来写作，可以更好地与客户或读者建立联系，通过直接对话、激发好奇心、情感共鸣、提供价值和简洁明了的方式，可以创造出更具吸引力的会计文案。

第四章　拍摄

第五十二节　会计视频拍摄设置

常规的会计视频拍摄设置如表 52-1 所示。

表 52-1　会计视频拍摄设置

序列	项目	内容	完成情况
1	iOS 与安卓如何选择	苹果手机(推荐)：选购 iPhone 11 以上机型	
		安卓手机(推荐)：选购华为 P40 PRO 以上机型	
2	关闭护眼模式提高亮度	护眼模式会让手机颜色偏暗偏黄，所以要把护眼模式关闭	
		提高亮度可以查看拍摄的细节，以便于及时发现问题进行补拍	
3	设置相机参数	把相机分辨率设置成 1080P 或者 4K	
		把手机帧速率设置成 60FPS	
		打开手机网格中的拍摄辅助线，以利于拍摄构图	
4	设置锁定曝光	锁定曝光之后，亮度就是固定的，不会受到环境光的影响，从而自动调节亮度	
5	设置后置摄像头拍摄	后置摄像头的像素比前置摄像头的像素高，在拍视频时尽量使用后置摄像头	
6	美颜相机的使用建议	美颜相机	
7	保持相机镜头干净	拍摄前一定要检查手机镜头是否干净	

第五十三节　会计视频文案提取

图 53-1 中所示的内容是关于如何提取会计视频文案的步骤指南，其中详细介绍了在不同平台上获取视频文案的方法，包括抖音、微信、小红书等。

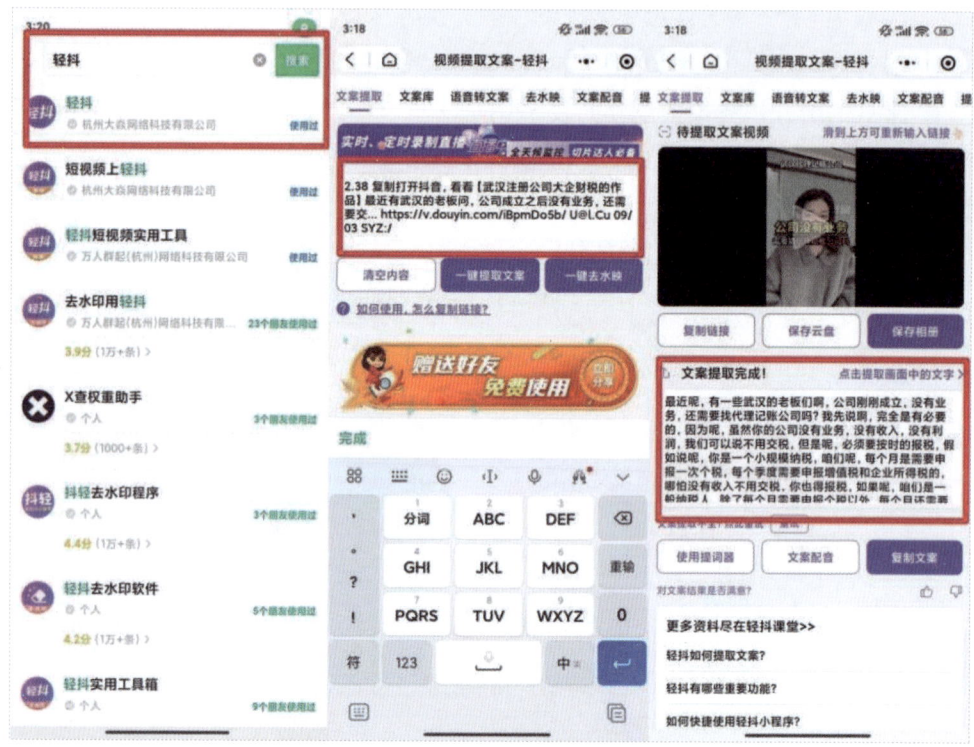

图 53-1　使用"轻抖"小程序提取文案

在数字营销时代，视频文案的提取和再利用变得尤为重要。以下是一些流行的社交媒体平台，以及如何从这些平台上提取会计视频文案的步骤。

抖音文案提取常见的两种方法是微信搜索"轻抖"小程序和打开豆包 App 粘贴复制的链接。

一、使用"轻抖"小程序提取文案

步骤1：打开微信，搜索并打开"轻抖"小程序。

步骤2：将复制的抖音链接粘贴到小程序的文本框内。

步骤3：点击"一键提取文案"按钮，小程序会自动提取视频文案。

如图53-1所示。

二、打开豆包App粘贴复制的链接

步骤1：在豆包对话框中输入"请提取该抖音短视频链接里的文案"。

步骤2：在抖音中找到满意的口播视频。

步骤3：点击右下角的转发按钮，选择"复制链接"选项。

如图53-2所示。

图53-2 豆包App提取文案

三、"小红书去水印"小程序图文抓取

步骤1：打开小红书应用，搜索与会计相关的内容。

步骤2：找到满意的内容后，点击右上角的分享按钮。

步骤3：在分享菜单中选择"复制链接"选项。

步骤4：在微信中搜索并打开"小红书去水印"小程序。

人人可学的会计自媒体

步骤5：将复制的链接粘贴到小程序中，小程序会处理链接并提取文案和图片。

有效的文案提取和再利用，可以节省时间并提高工作效率。通过使用上述方法，会计专业人士可以快速提取视频文案，并将其应用于各种营销材料中，如博客文章、社交媒体帖子、电子邮件营销等。

如图53-3所示。

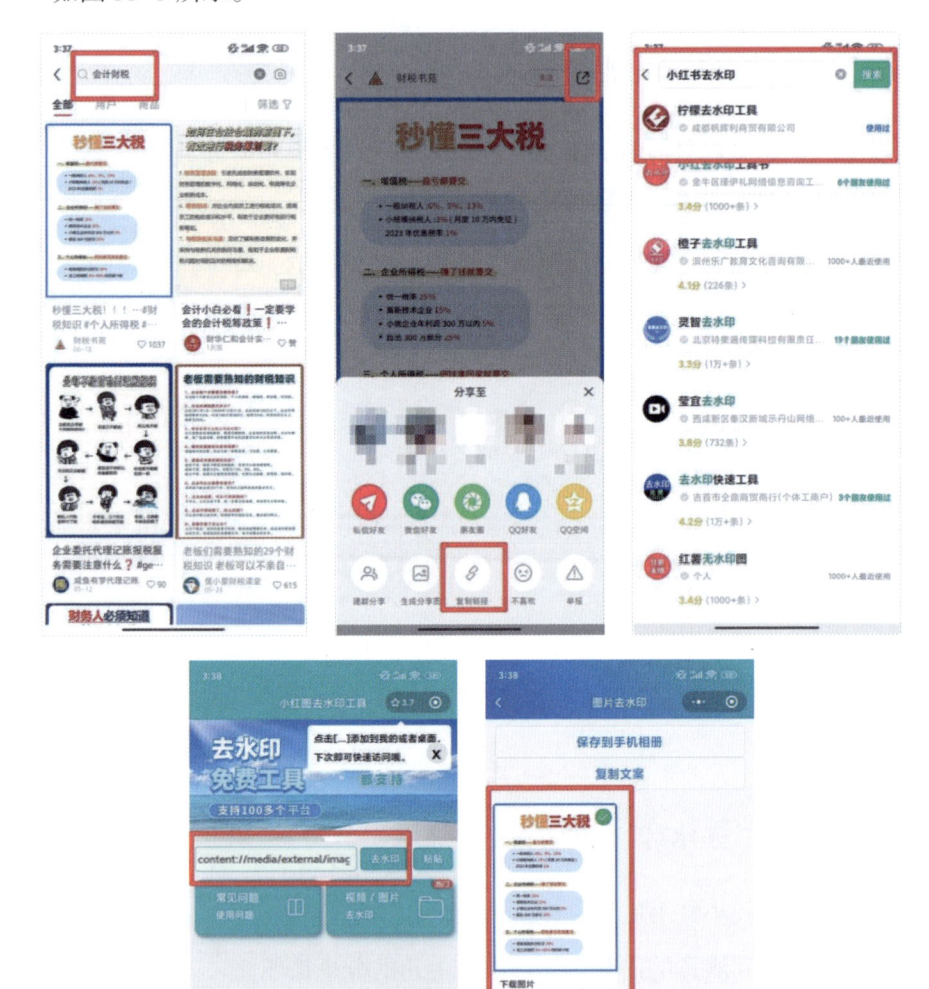

图53-3　三、"小红书去水印"小程序图文抓取

篇章二　短视频　第四章　拍摄

第五十四节　会计视频拍摄提词器

第一步：打开剪映 App，选择"提词器"（剪映会员功能）。如图 54-1 所示。

图 54-1　"提词器"

第二步：点击"新建台词"，将文案内容复制进去。如图54-2所示。

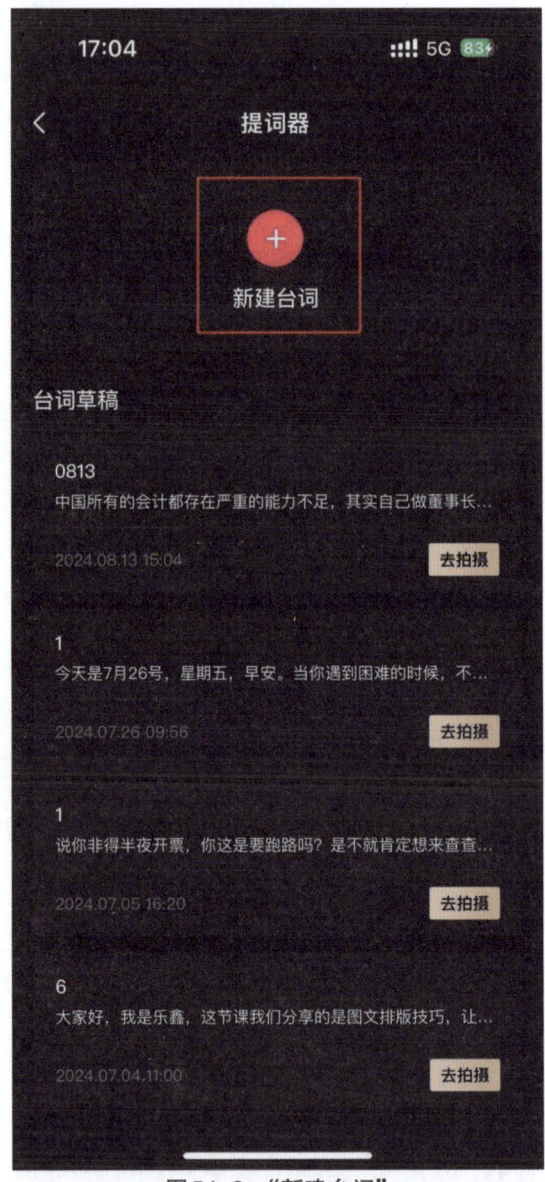

图54-2 "新建台词"

第三步：点击"去拍摄"。如图 54-3 所示。

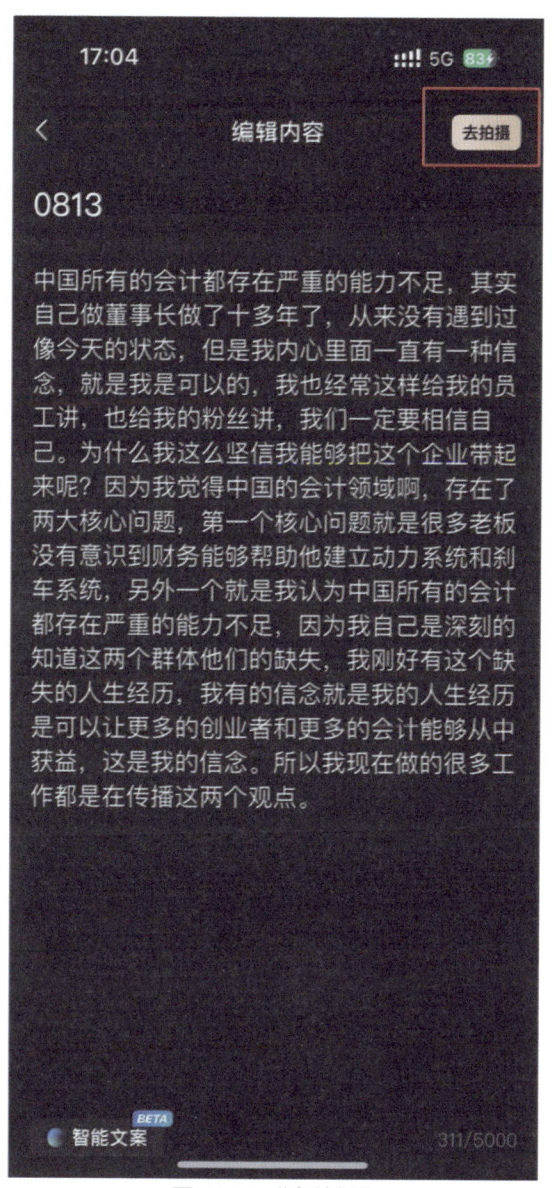

图 54-3 "去拍摄"

第四步：点击"设置"，调整滚动速度、字号和字体颜色。
第五步：点击"美颜"，设置适当参数。

第六步：点击底部中间的拍摄按钮。如图 54-4 所示。

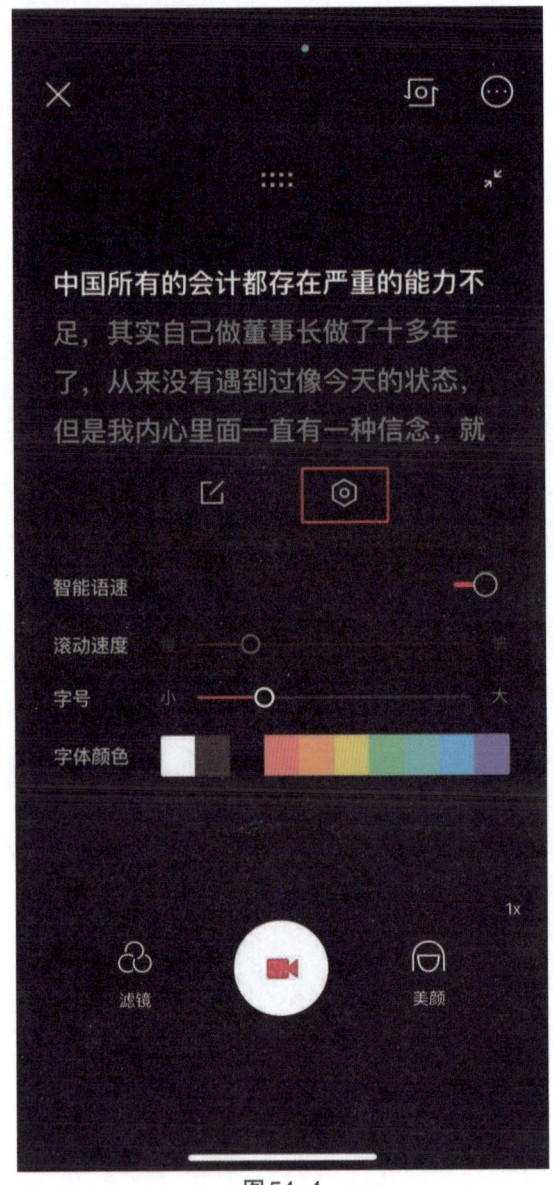

图 54-4

第五章 数据

第五十五节 2秒跳出率
——会计视频的"黄金2秒"

本节主要介绍会计短视频制作中的关键指标——2秒跳出率,以及如何通过优化视频开头来降低这一比率,从而提高视频的观看率和平台推荐机会。

一、什么是2秒跳出率

2秒跳出率是指观众在2秒钟之内刷走的人数占总播放量的比例。这是一个重要指标,直接反映视频开头对观众的吸引力。

二、2秒跳出率的重要性

当用户在抖音等短视频平台上观看视频时,如果他们在2秒内就划走了,这表明视频的开头没有吸引到他们。平台为了提升用户体验,会重视这一指标,并在后台作品数据中显示。比如,一个视频的播放量是1000次,而2秒跳出率是80%,这意味着有800人在视频播放的前2秒就离开了。低跳出率则表明视频开头质量较高,有机会获得平台的更多推荐。

三、降低2秒跳出率的策略

通过制造钩子、剪辑重点前置、加入音效等方法,都可以降低2秒跳出率。

人人可学的会计自媒体

1. 开头文案制造钩子

就是在视频的开头，文案需要制造一个"钩子"，迅速吸引观众的注意力。可以通过提出一个问题、讲述一个故事或者展示一个有趣的事实来实现。例如，一个会计教学视频，开头可以是："你知道最新的金税四期对企业意味着什么吗？"这样的文案会立即引起目标观众的好奇心，促使他们继续观看。这里采用的是提出一个与观众利益相关的问题，成功地制造了一个钩子，吸引观众继续探索答案。

2. 剪辑重点前置

将视频最精彩的部分放在最前面，让观众在一开始就被吸引住，从而愿意继续观看。例如，在一个关于税务筹划的视频中，可以将一个成功的税务筹划案例的成果展示放在视频开头，"通过我们的税务筹划，这家公司节省了30%的税款。"这是通过展示一个引人注目的结果，展示作品的价值，激发了观众的兴趣。

3. 加入音效

使用音效可以增加视频的吸引力，尤其是在视频的开头部分。例如，在视频开头加入一段紧张刺激的音乐或声音效果，如采用倒计时，可以迅速吸引观众的注意力。这是因为音效能够在短时间内创造一种紧迫感或期待感，使观众对接下来会发生什么感到好奇。

通过上述分析可以看到，降低2秒跳出率的关键在于视频开头的设计。通过制造钩子、剪辑重点前置和加入音效等方法，可以有效地吸引观众的注意力，使他们愿意继续观看视频。这些策略不仅适用于会计视频，也适用于其他类型的短视频内容。

第五十六节　5秒完播率
——会计视频的"黄金5秒"

短视频中的"黄金5秒"对观众的留存非常重要。要想做好短视频，需要有数据与内容关联思维，并学会用数据反馈对内容进行优化。而其中的2秒跳出率、5秒完播率、整体完播率处于较为核心地位。本节主要讲述5秒完播率这个指标。例如，如果一个视频的播放量是1000次，5秒完播率达到80%，这意味着有800名观众至少观看了视频的前5秒。

那么，如何提高5秒完播率呢？可以考虑在视频开头使用吸引人的文案制造钩子、塑造期待、制造悬念、将重点剪辑前置及加入音效等方法。

一、"钩子式"开头

许多成功的短视频会在开头使用一个引人注目的问题或声明来吸引观众的注意力。例如，一个健身教练可能会以"你知道这个简单的日常习惯可以让你在30天内增加肌肉吗？"作为视频的开头。这种问题容易立即激发观众的好奇心，使他们想要继续观看后面的内容。

二、塑造期待

在美食视频中，制作者常常会在视频的前几秒展示最终的菜肴，让观众对即将看到的内容产生期待。这样做的目的是通过展示最终产品，让观众可以直观地看到他们将学到什么，增加他们继续观看后面视频的可能性。

三、制造悬念

例如，在一部悬疑电影的预告片中，制作者通常会剪辑一系列紧张的片段，但不透露结局。这种剪辑手法可以激发观众的好奇心，使他们想要了解更多故事内容。

四、剪辑重点前置

在教学视频中，讲师可能会在视频的前几秒直接展示最令人惊讶或最有趣的事实或技巧。通过把最吸引人的部分放在前面，可以立即吸引观众的注意力，并吸引他们继续观看。

五、加入音效

在很多视频中，制作者会在开头加入音乐或特殊音效来吸引观众的注意力。这些音效可以迅速创造出想要的情绪和氛围，更容易有代入感。

此外，还有其他的一些方法，本节就不再一一描述。

视频创作者要充分重视 5 秒完播率，这个指标是抖音平台评价视频的最重要的核心指标之一，也是吸引和保持观众注意力的关键指标。可以考虑使用各种策略，如钩子、悬念、剪辑重点前置和音效等方法，有效提高 5 秒完播率，增加观众的参与度和视频的成功率。在具体制作过程中，这些策略需要通过不断的测试和优化，以便更加适合创造者在激烈竞争的短视频市场中脱颖而出。

第五十七节　整体完播率
——会计视频的整体考核

完播率是衡量短视频成功与否的关键指标之一，它代表了完整观看视频的用户占总播放量的比例。在看完播率这个指标时，要考虑两种情况：不同类型的视频的完播率数据权重是不同的，完播率不同。因此，对比完播率时，应与同类型、同时长的作品进行对比。

一、整体完播率的定义

整体完播率是指完整看完整条视频的人占总播放量的比例。

在会计视频营销中,整体完播率是一个不可忽视的指标,它反映了用户对视频内容的兴趣和参与度。

二、影响完播率的因素

1. 账号标签的精准度

账号初期的标签不精准可能导致推送人群不精准,从而影响完播率。

2. 推送人群的精准度

如果推送的人群对账号的内容不感兴趣,完播率会较低。

3. 视频时长

不同时长的视频完播率数据权重不同。

4. 视频类型

不同类型的视频完播率也不同。

三、提高完播率的策略

1. 持续发布作品

通过持续发布作品,可以提高账号的标签精准度,吸引精准人群。

2. 视频开头制造钩子

视频开头需要吸引用户的注意力,制造兴趣点。

3. 塑造期待

通过视频内容的设置,让用户对视频的后续内容产生期待。

四、常见的认识问题

完播率高并不代表内容就一定好。完播率的高低并不完全代表内容的质量,它还受到视频时长和内容类型的影响。

1. 视频时长的影响

短时长的视频通常完播率较高,但这并不意味着内容质量一定优于长视频。

2. 内容类型的比较

不同领域的视频不能直接比较完播率,因为它们的受众和内容吸引力不同。

【案例1】

会计基础知识视频

视频时长:1分钟

完播率:60%

分析:这个视频的完播率相对较高,主要是针对会计小白人群,因为视频内容简洁明了,且视频时长适中,完播率60%是一个很好的数据。但是,如果与一个30秒的搞笑视频相比,即使完播率较低,也不能说明会计视频的内容质量差。

【案例2】

税务筹划深度解析视频

视频时长:5分钟

完播率:30%

分析:尽管完播率相对较低,但这可能是因为视频内容较为深入和专业,导致目标受众较小。对于目标受众人群来说,这个完播率就很不错了,说明内容的深度和专业性对他们很有吸引力。

五、提高完播率的技巧

1. 视频开头有吸引力

使用引人注目的标题、图片或问题来吸引用户。

2. 内容紧凑

要确保视频内容紧凑,避免冗长和无关紧要的部分。

3. 增加互动元素

在视频中加入互动元素，如提问或投票，可以提高用户的参与度。

4. 视频时长适度

要根据内容的深度和目标受众人群，选择合适的视频时长。

5. 增强视觉和听觉冲击力

使用高质量的视频和音频，以调动人的视觉、听觉感官元素。

通过上文的完播率分析，就可以在了解用户对视频内容的兴趣和参与度的基础上，优化视频内容和营销策略。

第五十八节 抖音账号 SEO 布词

所谓抖音账号 SEO 布词，是指如何通过合理的关键词布局来优化提高抖音账号在搜索中的排名，增加流量和曝光度，从而吸引更多的用户关注和观看。本节将介绍如何进行账号 SEO 布词。

一、什么是SEO

SEO（搜索引擎优化）是一种通过优化内容中的关键词，使得搜索引擎的算法能够将这些内容展示给目标用户，帮助用户找到相关内容，并实现转化的过程。

二、抖音SEO的重要性

在抖音平台上，当用户搜索特定关键词时，如"财税"，抖音的算法会根据账号昵称、作品标题、话题、口播文案、合集名字、评论区关键词、商品卡标题等包含文字的内容进行检索，当你的账号昵称、作品标题、话题、口播文案、合集名字、评论区关键词、商品卡标题里的文字和"财税"关联程度较高时，

人人可学的会计自媒体

会在用户搜索时被系统优先推荐 给用户。那么，如何有效布词呢？如图58-1所示。

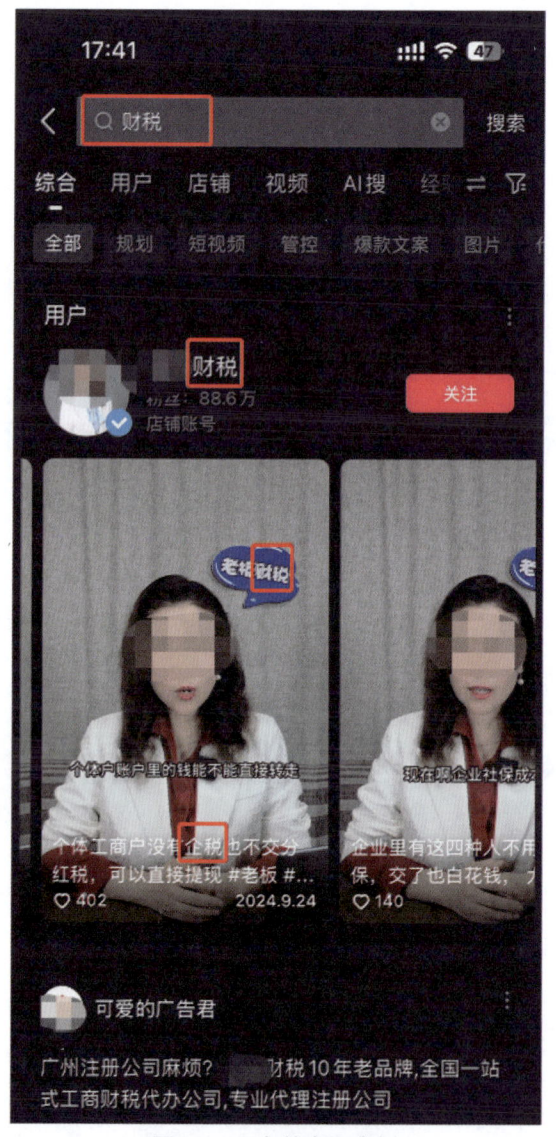

图58-1 有效布词案例

1. 账户昵称布词

如果账号专注于财税领域，可以考虑在昵称中加入"财税"一词，如"北京金会计财税"，这样可以提高在搜索结果中的排名。

昵称示例：@江勇·米友荟——会计之家，这个昵称中包含了"会计之家"，表明了账号的主题是与会计相关的。

2. 作品标题布词

作品标题不是随意打一段话就可以的，要有布词目的性，即有目的性地加入行业关键词和关联词，如"财税""会计""税务"等，以提高搜索排名。

标题示例：@江勇·米友荟——会计之家，作品标题"作为财务人员，你们是不是也是这种状况？"，虽然没有直接使用"会计"或"财税"等关键词，但是通过描述财务人员的状况，间接地与会计相关联。

三、关键词匹配

从用户搜索开始，抖音的内容推荐是一个完整的流程，如图 58-2 所示。底层逻辑中有以下两个关键内容。

1. 内容库检索

抖音的内容库会根据关键词进行检索，匹配度高的内容会被优先推荐。

2. 用户搜索

用户在搜索框中输入关键词后，抖音会展示与关键词匹配度高的内容。

【案例1】

@江勇·米友荟——会计之家

账号昵称：昵称中包含了"会计之家"，这是一个非常明确的关键词，表明了账号的主题是与会计相关的。

作品标题：标题中虽然没有直接使用"会计"或"财税"等关键词，但是通过描述财务人员的状况，间接地与会计相关联。

口播文案：在视频的口头表述包含"会计""财税"等关键词，也能提高视频内容的搜索排名。

评论区关键词：在评论区中使用"会计""财税"等关键词，可以增加内容的曝光率。

【案例2】

地方词结合

账号昵称：如果账号的重心是放在当地的，可以在昵称中加入地方词，如"北京金会计财税"，这样可以吸引本地用户的关注。

作品标题：标题中可以结合地方词和行业关键词，如"北京会计税务处理技巧"，这样可以提高在本地搜索结果中的排名。

口播文案：在视频中可以讨论北京地区的财税政策、法规等，通过口播文案中的关键词，提高视频内容的搜索排名。

评论区关键词：在评论区中使用"北京""会计""财税"等关键词，也可以增加内容的曝光率。

通过上文分析可以看到，抖音账号 SEO 布词是一个系统性的工作，涉及账号昵称、作品标题、口播文案、评论区等多个方面。合理地使用关键词，可以有效提高账号在搜索结果中的排名，吸引更多的用户关注和观看。这就要求账号运营者对目标用户的需求有深入的了解，以便更精准地使用关键词。

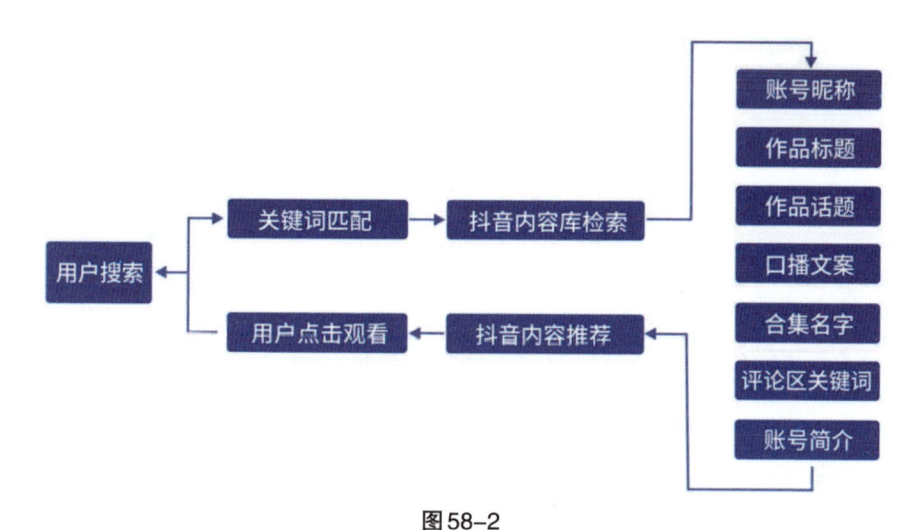

图 58-2

第五十九节　抖音账号 SEO 布词
——提升会计账号的搜索推荐流量

会计人员在使用抖音账号 SEO 布词时,如何有效提升会计账号的搜索推荐流量呢?通常有以下几种策略。

一、作品话题

使用话题标签 #,可以快速让抖音平台识别视频领域,精准推送给感兴趣的用户。例如账号昵称：江勇·米友荟——会计之家,昵称中包含了"会计之家",表明了账号的主题是与会计相关的。

二、口播文案

口播文案里,每一句话、每一个词都是会被抖音平台所识别和统计的。所以,在前期写文案时,要有目的性地布词,适当提高关键词和关联词的频率。例如,视频中的口播文案,可以包含"会计人员如何拿到更高的收入,# 会计 # 会计人生",这样的文案有助于提高视频内容的搜索排名。

三、合集名字

将相关作品放在一个合集中,可以增加 SEO 权重,并且合集的 SEO 布词可以提高作品被推荐的可能性。例如,合集名为"会计人员必懂的砍成本 12 把砍刀",那么这个合集下的每个视频都会受益于这个关键词的优化,如图 59-1 所示。

图59-1　合集名字

四、评论区关键词

在评论区回复时使用关键词，可以增加内容的曝光率，而不是仅仅使用表情。例如，在评论区回复时使用关键词，如"财务""会计""财税"，可以增加内容的曝光率，如图59-2所示。

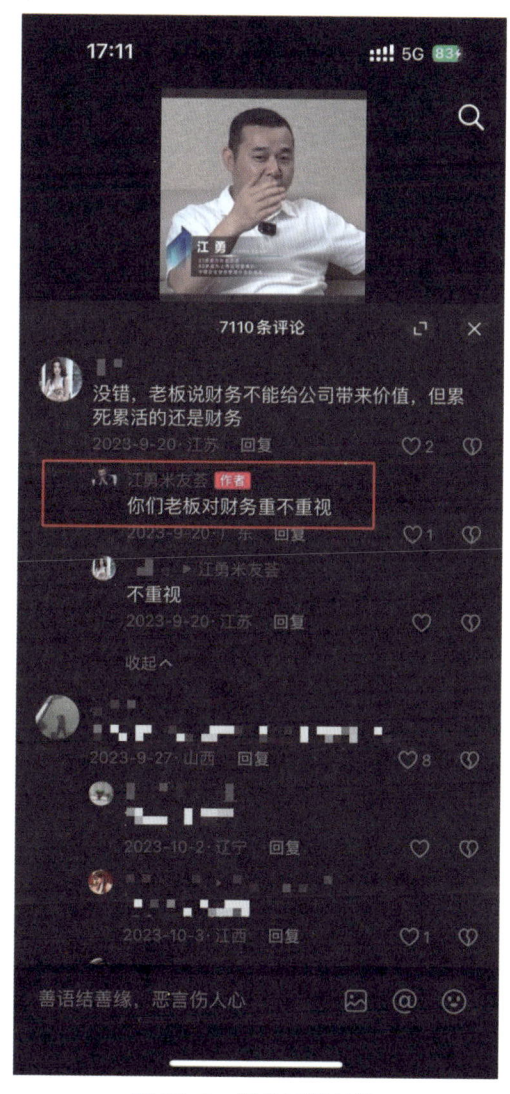

图59-2　评论区关键词

五、账号简介

在账号简介中进行关键词布词，可以提高整体的 SEO 布词效率。例如，江勇·米友荟的简介中可以包含"会计""财税"等关键词，以提高账号在搜索结果中的排名。

人人可学的会计自媒体

通过上文分析可以看到，充分利用好抖音账号SEO布词，合理使用关键词，能够有效提高视频在同类产品搜索结果中的排名，获取平台更多的搜索推荐流量，吸引更多的用户关注和观看。在实际操作中，需要不断测试和优化关键词的使用效果，以保证SEO策略的有效性。此外，内容的质量和创意也是吸引用户的关键因素，因此在进行SEO布词的同时，也要注重内容的原创性和吸引力。

第六章 经营

第六十节 会计人要知道的抖音"四大工具"

一、小黄车

也称购物车,点击后可以购买商品。开通橱窗或小店之后,达到相应的条件(达人号需要有效粉丝及发布作品数达到相应的数量)可以进行"挂车",直播间和短视频就会有购物车。

二、小风车

观众点击小风车后可以进行预约。

留资认证抖音企业号,上传营业执照、法人身份证、对公打款认证或人脸识别之后,即可开通预约留资功能。

三、橱窗

橱窗不需要营业执照,不需要自己有产品。抖音号实名认证后,缴纳500元保证金即可开通橱窗,在精选联盟选品中进行售卖赚取佣金。

四、小店

也称抖音小店,需要选择上传营业执照(个体工商户或企业)、经营者或法人身份证正反面收款账户验证等,并缴纳相应类目的保证金,即可开通小店并正常进行上架商品。

第七章 音乐

第六十一节 会计口播视频常用的背景音乐

会计口播视频常用的背景音乐如表61-1所示。

表61-1 会计口播视频常用的背景音乐

1.《菊次郎的夏天》	26.《HEALING》
2.《所念皆星河》	27.《HOMETOWN AND MEMORIES》
3.《故乡的原风景》	28.《ONE MAN'S DREAM》
4.《蓝莲花》	29.《GO TIME》
5.《安妮的仙境》	30.《SUNSET GLOW》
6.《星月神话》	31.《TIME TO LOVE》
7.《雨的印记》	32.《EUTOPIA》
8.《神秘园之歌》	33.《CRY FOR THE MOON》
9.《风居住的街道》	34.《ANIMALS》
10.《月光边境》	35.《ANGEL》
11.《RIVER FLOWS IN YOU》	36.《CHIRU(SAISEI NO UTA)》
12.《雪见-仙凡之旅》	37.《REFRAIN》
13.《千与千寻》	38.《HOPING SHE WOULD BE THERE》
14.《MY SOUL》	39.《JOURNEY》

续表

15.《FORREST GUMP SUITE》	40.《NEW MORNING》
16.《THE LUDLOWS》	41.《GOOD NIGHT》
17.《夜的钢琴曲五》	42.《市值风云》
18.《FADED》	43.《IN THE MORNING LIGHT》
19.《MILLION REASONS》	44.《HALO》
20.《VISIONS OF GIDEON》	45.《PRIME》
21.《THE TRUTHTHAT YOU LEAVE》	46.《遥远的旅途》
22.《NUVOLE BIANCHE》	47.《大鱼》
23.《A THOUSANDYEARS》	48.《市集》
24.《MELANCHOLY》	49.《雪落下的声音》
25.《SCARBOROUGH FAIR》	50.《ELDORADO》

①《HEALING》：旋律轻快，节奏明快，能够带给人积极向上的感觉

②《STARSKY》：音乐气势恢宏，节奏感强，很适合作为大气磅礴的视频背景音乐

③《ELDORADO》：曲风激昂，节奏有力，能营造出一种振奋人心的氛围

④《VICTORY》：这首曲子气势磅礴，能让听众感受到无尽的力量和决心

⑤《GO TIME》：旋律充满活力，节奏紧凑，可为视频增添欢快的气氛

⑥《BEETHOVEN VIRUS》：节奏明快，旋律动听，能使视频更具感染力

⑦《UPLIFTING TRANCE》：曲调欢快，能给人带来一种充满希望和活力的感觉

⑧《ANIMALS》：节奏感强，充满活力，适合用于欢快的口播视频

⑨《EPIC SCORE》：史诗级的音乐，大气磅礴，能为视频增添宏大的氛围

⑩《HALL OF FAME》：歌曲激励人心，节奏明快，可为视频注入积极向上的能量

第六十二节　会计作品自检

在作品剪辑好之后，抖音上发布会计相关视频内容之前，需要进行自检，这是非常重要的一个步骤，以确保视频内容的质量和合规性。自检主要包括以下 6 个方面。

一、画面中有没有可能违规的内容？比如拍摄背景等

自检要点：检查视频画面中的背景、道具等是否存在违反国家的法律法规或者违反抖音的社区规则。

合规性：如果视频中出现了不适宜的背景，比如敏感的标识或不雅的物品，就需要进行剪辑或替换。

例如，在一段会计实操教学视频中，背景中出现了一些敏感的标识，如最有性价比的产品背景，违反广告法的规定，就需要将背景中的敏感词进行模糊处理或更换背景。

二、观看起来文字、声音清晰吗？配乐有没有盖过人声？

自检要点：确保视频中的文字清晰可见，声音清楚，配乐不影响人声的清晰度。

清晰度：如果视频中的文字太小或模糊，需要调整字体大小和清晰度。如果背景音乐过大，需要降低音量或更换音乐。

例如，在一段会计讲解视频中，文字太小，背景音乐过大，导致观众难以看清文字和听清讲解内容。这就需要调整字体的大小，降低背景音乐的音量。

三、视频的比例对不对，是不是 9:16？

自检要点：检查视频的比例是否符合抖音推荐的 9:16，以确保在手机屏幕上的观看体验。

视频比例：如果视频比例不是 9:16，需要重新裁剪或调整，以避免黑边或内容被裁剪。

例如，在一段会计实操视频中，视频比例是 16:9，导致在手机屏幕上观看时出现了黑边，这就需要将视频裁剪为 9:16 的比例，以适应手机屏幕。

四、表情自然吗？会不会让人觉得很紧张、像是念台词？

自检要点：检查视频中人物的表情是否自然，语言是否流畅，避免给人紧张或背诵的感觉。

表情自然：如果视频中的讲师表情僵硬或不自然，可以通过剪辑或重新录制来改善。

例如，在一段会计知识分享视频中，讲师的表情过于紧张，给人一种不自然的感觉。这时就需要通过剪辑，选择讲师表情更自然的部分，或者重新录制。

五、有没有错别字？有没有字幕对不上内容？

自检要点：检查视频中的文字是否有错别字，字幕是否与语音内容同步。

文字准确性：如果视频中出现了错别字或字幕不同步，需要进行修正。

例如，在一段会计制度法规解读视频中，出现了错别字，字幕与语音内容不同步，就需要重新校对文字内容，修正错别字，调整字幕与语音同步。

六、有没有设置封面？标题够不够清晰且吸引人？

自检要点：确保视频有封面，并且封面的标题清晰、吸引人。

封面吸引力：如果封面设计平淡无奇或标题不吸引人，需要重新设计封面和优化标题。

例如,在一段会计实操教程视频中,封面设计过于平淡,标题不够吸引人。这就需要重新设计一个吸引人的封面,优化标题,使其更具吸引力。

通过对抖音会计作品的自检,可以确保视频内容的质量和合规性,提高观众的整体观看体验。每一个细节都至关重要,需要细致的检查和调整。自检是一个持续的过程,通过自检,可以避免发布违规内容,提高视频的专业度和吸引力,从而在抖音上获得更多的关注和好评。

第六十三节　会计作品违规检测

当作品剪辑完成后,担心发布之后会违规,可以在发布前利用抖音 App 的自测功能进行预检。

一、自检内容

准确性:所有数字都与最新的财务记录相符,如税率要符合最新的税收政策。

完整性:包含所有重要的账户,如现金、应收账款等。

可理解性:使用简单的语言和清晰的图表来展示资产负债表。

合规性:是否遵循企业会计准则。

二、自测路径

步骤1:打开抖音 App,点击右下角的"我"。

步骤2:然后点击右上角的三横杠(菜单按钮)。

步骤3:接着点击"抖音创作者中心"(图63-1)。

步骤4:进入后选择"创作助手"(图63-2)。

篇章二　短视频　第七章　音乐

步骤5：在"创作助手"中找到并点击"快速检测"（图63-3）。

步骤6：按照提示上传作品，系统会自动检测作品是否存在违规情况。

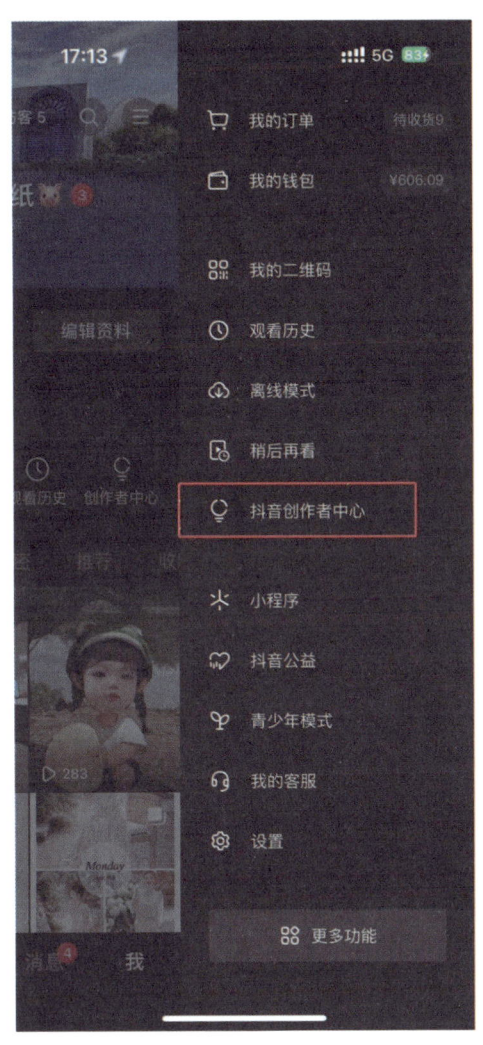

图63-1　"抖音创作者中心"　　　　图63-2　"创作助手"

图63-3 "快速检测"

通过自测路径进行检测，可以检查视频是否有违规问题，包括内容审核、版权问题、广告法遵守、画面质量、声音合规等。有效避免因违规而导致的视频下架或账号受限，保障创作者的权益和作品的顺利传播。

第八章　短视频投流

第六十四节　会计人员的付费投流工具认知

很多会计人员做抖音短视频时，经常不清楚如何有效地进行付费投流，本节将介绍一个抖音付费投流的小工具DOU+，特别适用于不挂购物车（小黄车）的短视频。

一、DOU+是什么

DOU+是抖音官方平台推出的一款视频加热工具，是为抖音创作者而服务的，是一款可以通过付费方式提高视频各项数据的加热工具，可以很好地帮助创作者提高视频的播放量、互动率、转粉量、线索量等数据，帮助创作者通过付费获取更多的流量和曝光。

二、DOU+的功能和优势

1. 功能

视频加热：提升视频播放量和互动量。

直播加热：增加直播间的人气和观众互动。

广告推广：支持包括粉丝增长、点赞评论量、主页浏览量等多种目标。

2. 优势

操作便利：在抖音App内直接操作，无须排期，随充随用。

实时监测：投放过程中可实时看到 DOU+ 带来的数据变化。

受众分析：投后披露受众特征数据，帮助用户进一步分析及明确受众。

三、如何使用 DOU+

（1）选择视频：选择一个希望推广的抖音视频。

（2）设置目标：根据需求选择增加播放量、互动量、粉丝量等目标。

（3）选择受众：可以选择系统智能投放、自定义投放或达人相似粉丝投放。

（4）设定预算：根据推广需求和预算，选择适合的金额。

（5）下单支付：完成设置后，下单并等待系统审核。

例如，某主播的视频内容优质但自然流量低，创作者希望通过提升视频播放量和互动率。因此，选择一个优质的视频，通过购买 DOU+ 加热视频，选择"点赞评论量"作为投放目标，视频播放量和互动率显著提升 50% 以上，增加了视频上热门的机会。

四、注意事项

确保视频内容为原创、质量高，无其他 App 水印，符合抖音内容审核标准。

DOU+ 是锦上添花的工具，视频本身的质量和创意才是吸引用户的关键。

投放过程中要注意数据分析，根据效果调整投放策略。

会计视频创作者可以通过合理利用 DOU+ 工具，有效提升作品的曝光率和互动性，加速账号的成长。

第六十五节　掌握会计投流工具

一、选择作品

打开抖音 App，选择"我"，选中任意一条想要进行投流的作品，如图 65-1 所示。

篇章二　短视频　第八章　短视频投流

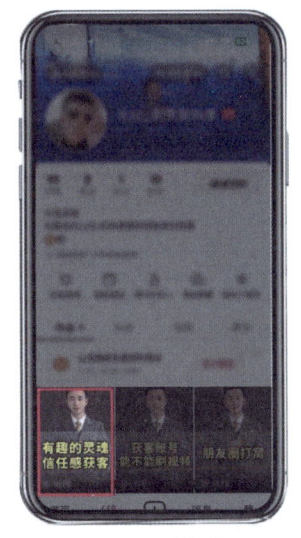

图65-1　选择作品

二、投放工具的位置

点击屏幕右下角的"…",然后点击"上热门"进入投DOU+页面,如图65-2所示。

图65-2　投放工具的位置

三、选择投放视频

选择要加热（投流）的视频。一般可以选择 1～5 个优质视频，新手投放建议选择 1 个即可，如图 65-3 所示。

四、选择投放目标

投放目标跟投放最终目的强关联，需要根据不同的情况进行选择，如图 65-4 所示。

图 65-3　选择投放视频

图 65-4　选择投放目标

1. 粉丝量

适用于需要涨粉的情况，如需要达到开通橱窗（500 名有效粉丝）、满足直播间挂购物车（1000 名有效粉丝）等，需要涨粉时可以选择该投放目标。

2. 点赞评论量

适用于日常发布视频时，视频中出现优秀数据的视频，可以选择点赞评论量进行投放。

3. 主页浏览量

适用于主页有相关重要信息，需要引导观众点击主页的情况。

五、选择投放时长

投放时长的选择，与投放金额、作品数据及账号标签精准度相关，如图 65-5 所示。

图 65-5　选择投放时长

1. 投放金额

如果投放金额大于 500 元，选择 6 个小时以上的投放时间，如投 500 元 24 小时。时间过短，容易推流不精准。

2. 作品数据

如果账号内的作品数据比较优秀，比如以往作品发出 2 个小时，播放量是 1000，今天突然 2000 多了；比如以往的 2 秒跳出率是 35%，今天只有 15% 等，投放时间可以选择短一些，比如选择投 100 元 6 小时。

3. 账号标签

账号标签虽然无法直观看到，但如果账号目前粉丝量少，发布内容少，那大概率目前还没有被打上账号标签,也不适合选择短时间投放,投放时间应该拉长,这样更容易让系统慢慢推送给精准人群。比如投放视频选择投200元24小时。

六、选择投放人群

投放人群,与投放的最终目的强关联,需要根据不同情况进行选择,如图65-6所示。

图65-6 选择投放人群

1. 性别

和账号目标人群相关。比如账号下卖女装,客户都是女性,应该选择"女";再比如是分享会计财税副业赛道的,目标人群女性偏多,也可以选择"女"。

2. 年龄

根据目标人群的年龄来选择。比如账号服务的是有经验的在职会计群体,就不应该选择"18-23"岁的年龄段。如果是想要服务考初会的小白人群,就不应该选择"41-50"岁的年龄段。

七、设置更多功能

除上述投放设置，还有其他功能可供选择，如图65-7所示。

图65-7　设置更多功能

1. 地域

和账号目标人群相关。比如账号内容是财会知识，目标人群没有地域区别，不用去选择，默认"全国"即可。如果账号卖的是除湿机，目标人群是南方人，就应该选择一些南方的城市。

2. 兴趣标签

根据目标人群的兴趣来选择。比如账号内容是财会知识，目标人群可能还会对"教育、金融、新闻资讯、商务服务"等感兴趣。

注意：选择的地域范围越少、越小，推流数量和速度越慢。选择的兴趣标签越少，推流数量和速度也越慢。

3. 达人相似粉丝

点击"更多",然后点击"+"号图标,可以添加账号的对标账号,注意新账号选择的对标账号粉丝数量不要超过 50 万,并且近期有优秀数据的作品。选择对标账号需要根据对标账号短视频和直播间的内容、产品去判断是否和自身账号的目标人群一致。

注意:提前搜集好账号名字,需要选择 10 ~ 20 个账号。

八、设置投放金额

全部需求设置完成后,开始设置投放金额,如图 65-8 所示。

图 65-8　设置投放金额

1. 投放金额

根据账号情况不同,可选择的最低金额不同,比如新账号投放最低额度为 30 元,后续投放最低为 68 元或 100 元(不同账号、不同机型会有不同)。自定义金额不得低于最低可投放金额。

2. 具体选择金额

要根据自己的预算来，如果投流预算充足，则金额可以大一些。支付后即可完成投放。

第六十六节　DOU+升级说明

DOU+升级适用于需要进行营销获客的短视频，因为升级后多了一些可以选择的投放目标，如线索搜集（需要上传营业执照），如图66-1所示。但带货短视频实战投放时不建议在DOU+中选择经营目标，推荐用小店随心推。

图66-1　DOU+升级

一、什么领域的账号不建议升级新版本DOU+？

1. 泛娱乐领域的账号

比如唱歌、跳舞、影视、剧情、搞笑、萌宠等泛娱乐领域的账号不建议升级DOU+，主要是因为这些领域本来受众群体就很广泛，而且该领域的受众群体的点赞、评论、转发、关注的转化率很高。本身的曝光量的意义就大于精准度。

2. 垂直类起号的账号

垂直类起号的账号初期也不要升级新版本DOU+，因为新账号起号需要打上精准的账号标签，而想要打上精准的账号标签，就必须提供大量数据供系统识别。老版本DOU+即使在定向人群之后，播放量也比新版本更大，所以就会提供给系统更多的人群数据进行识别，从而打上精准标签的速度会更快。

二、什么时候升级新版本的DOU+？

当新账号起号成功以后，也就是说该账号的自然流量的受众群体年龄、性别、兴趣标签都比较精准时，就可以升级新版本DOU+了。如果账号的内容是以产品为核心进行拍摄的，经常会涉及一些营销推广的内容，那么该类账号也建议尽早升级。

三、如何选择账号的升级类型？

建议根据自己的身份及投放诉求选择账号的升级类型。

1. 升级企业权益

适合企业广告主，需要提供企业营业执照，升级后可解锁全部营销投放能力。

2. 升级个人权益

适合有营销推广诉求的达人，需要提供个人身份证，升级后可解锁第三方商品推广等部分投放能力。升级个人权益后，如有进一步的投放诉求，也可以继续升级为企业权益。

四、哪里可以申请账号升级？

在抖音App页面中点击"我"，点击右上角的菜单栏，点击"创造者服务中心"，点击"DOU+上热门"。

在 DOU+ 个人中心页面中，在下方的工具箱中点击"账号信息"按钮，即可以进入账号升级页面。

五、DOU+不小心升级了，如何使用老版DOU+？

使用老版 DOU+ 最简单也是最便捷的方法就是找一个新的抖音账号，并且是没有升级过 DOU+ 的账号，然后对原本的目标账号进行 DOU+ 的代投放。

第六十七节　　DOU+ 的作用详解

一、新账号快速打标签

对于新账号而言，DOU+ 的投放可以帮助新账号快速打上标签。

二、辅助新账号找到作品的内容方向

很多人会把 DOU+ 当作付费流量，也就是花钱向抖音采买流量。但在真正的运营手里，DOU+ 其实是测试流量的工具，对于一个新账号而言，单纯地依靠系统的基础 500 播放量是很难测试出作品内容的好坏，或者内容方向是否正确。

此时就可以通过 DOU+ 的投放来辨别作品的质量，毕竟一个人说好，不是真的好，一群人说好才是真的好。并且 DOU+ 的流量是不会计算在作品自然流量的赛马机制中的。

三、人工审核

正常情况下，作品的自然流量到 10 万时往往会出现人工审核，并且这次的审核力度非常严格。例如养生、健康、营养师等领域的作品经常会跑到 10 万左右的流量后就跑不动了。

遇到这种情况后，只需要在作品快要达到 10 万流量之前，投放一个 100 元

的 DOU+，让作品从自然流量的审核通道变成付费流量的审核通道。只要作品没有明显的违规，就会很容易突破该人工审核的限制，进入下一个流量池。同样，流量到 30 万时也会有一次触发人工审核的情况，依然可以使用上述方法来规避。

四、助推爆款内容

账号的日常运营过程中，经常会遇到作品的自然流量的数据反馈非常好，但是播放量却很难突破的情况。这个时候可以借助 DOU+ 对一些具备潜在上热门的作品投放付费流量，以此来带动更多自然流量的进入，从而让作品有机会上热门。

第六十八节　DOU+ 审核问题

DOU+ 的审核面临两个问题：① DOU+ 审核需要多久？② DOU+ 审核不通过怎么办？

本节以这两个问题进行解决办法分享。

一、DOU+审核需要多久？

白天一般在 1 小时内；晚上时间不固定，审核时间较长，一般情况下后半夜的 DOU+ 订单会在早晨过后完成审核。

二、DOU+审核不通过怎么办？

1.DOU+ 审核不通过，存在的原因

（1）视频内容中有二维码、微信号、手机号等联系方式。

（2）长时间展示 Logo 和商品。

（3）未成年人成人化的表现。

（4）作品内容中出现了"第一""最""绝对"等极限词。

（5）酒后驾驶不系安全带，开车拍视频。

（6）出现打折、满减、优惠券等无法核实真假的信息内容。

（7）涉及国家领导人、公检法、国家机关、国徽、国旗等形象或者词语；涉及社会负面事件、热点事件、敏感事件、红歌红军、革命烈士等。

（8）内容中涉及出轨、家暴、炫富、歧视、引战、抽烟、脏话、整蛊、恶搞、虐待等行为。

2. 当DOU+审核不通过时，采取的补救措施

（1）检查视频内容。确保视频不含有违法违规、违背社会公约等内容，坚持原创，不搬运站内外其他用户视频，不长时间展示商品及品牌。

（2）修改视频。如果视频内容不符合DOU+的投放要求，如含有联系方式、明显的营销招揽信息、品牌营销信息等，修改视频内容后重新提交。

（3）检查账号状态。如果账号被限流，也会导致无法使用DOU+。需要根据账号评级通知的原因进行调整，例如，若是因为发布广告而被限流，可以尝试进行蓝V认证来解决。

（4）联系客服。如果视频内容没有违规但审核不通过，可以联系抖音官方客服进行咨询和申诉，请求人工审核。

（5）退款。如果审核不通过，已支付的费用通常会在规定时间内退还到账户中。

（6）了解平台规则。熟悉并遵守抖音平台的规定和政策，了解广告、敏感话题和其他限制性内容的要求。

（7）提高内容质量。确保发布的内容是高质量的，符合平台的审核标准和用户的喜好。

（8）避免违规词汇。在视频文案中避免使用极限词、功效性词语等可能违反广告法的词汇。

（9）申诉。如果认为审核结果有误，可以提交申诉，并提供相应的证据支

持申诉。

通过上述措施，可以有效地解决 DOU+ 审核不通过的问题，并提高未来投放成功的机会。

DOU+ 是抖音平台推出的一种付费推广工具，它允许用户通过支付一定的费用来增加视频的曝光率。然而，在使用 DOU+ 服务时，可能会遇到审核不通过的问题，大部分是可以通过优化视频内容、确保原创性和合规性来解决的。另外，用户在投放 DOU+ 前应该仔细检查视频内容，确保符合抖音平台的相关规定。如果遇到审核不通过的情况，可以根据反馈的问题进行相应的调整，并重新提交审核。

第六十九节　小店随心推

一、专业解释

小店随心推是抖音官方平台推出的一款视频营销加热工具。严格意义上来讲，小店随心推是为抖音经营者而服务的，它是一款可以通过付费的方式，来提高视频各项数据的加热工具，就目前而言，小店随心推可以很好地帮助创作者提高商品购买、商品支付 ROI。

二、简单解释

小店随心推就是抖音经营者可以通过付费的形式，向抖音官方"买流量"来更好地把自己的商品"卖出去"。

三、小店随心推教程

1. 第 1 步

打开抖音 App，选择"我"，点击右上角三个点图标，点击"更多功能"，点击"小店随心推",如图 70-1 所示。

图 70-1 "小店随心推"的位置

2. 第 2 步

选择"视频/图文推广",选择要推广的视频或图文,如图 70-2 所示。

图 70-2 "视频/图文推广"

3. 第 3 步

点击"自定义设置",会显示更详细的自定义投放界面,如图 70-3 所示。

图 70-3 "自定义设置"

4. 第 4 步

设置提升目标如图 70-4 所示。

图 70-4 设置提升目标

（1）商品购买：如果投放目的是追求产品成交量，可以选择"商品购买"作为投放目标，选择该目标界面后系统会显示预估带来的订单量。

（2）商品支付ROI：是指投流费用和售卖金额之间的投入产出比，如果需要保证投入产出之间的比例，可以选择该投放目标，选择该目标界面后系统会显示预估带来的成交订单金额（GMV）。

选择支付ROI后，会有出价的选择设置，即"支付ROI目标"，可以选择自动出价（仅支持直播投放）和手动出价（可自行设置ROI系数），两者各有优势。

（3）投放效果提升：产品直接预估用户的GMV贡献能力，在保障ROI稳定性的同时，最大可能触达"成交意愿度更高""成交GMV更大"的用户。

（4）ROI目标合理设置：设置ROI目标时，可参考系统建议目标ROI进行设置，或根据账户近7日订单的实际ROI进行设置，不建议设置更高的ROI目标，否则可能会出现探索失败或流量波动；建议勿过早关停订单：新产品使用初期模型需要积累，当投放效果可容忍时，建议不要过早关停订单，直到观察到有10个转化数。

第七十节　常见的投流问题

一、怎么投DOU+可以花更少的钱获得更大回报？

提高DOU+的转化率是一个系统工程，需要从多个方面进行优化。以下是一些关键步骤和策略：

1.优化视频内容

（1）内容质量：确保视频内容具有高质量，画面清晰，内容有吸引力。

（2）内容创意：创作有趣、原创的内容，能够引起观众的共鸣和兴趣。

（3）内容相关性：视频内容应与产品或服务紧密相关，确保观众能够明白视频的推广目的。

（4）号召性用语：在视频中加入明确的号召性用语，引导用户进行下一步操作，如"点击链接了解更多""留言获取优惠"等。

2. 选择合适的投放目标

（1）明确目标：根据营销目的选择合适的投放目标，比如增加销量、提升品牌知名度或引导用户下载 App。

（2）目标分析：分析目标受众的需求和行为，以便更精准地设置投放目标。

3. 精准定位目标人群

（1）人群画像：利用抖音的数据分析工具，了解目标受众的年龄、性别、地域、兴趣等信息。

（2）兴趣定向：根据产品或服务的特点，选择与目标受众兴趣相匹配的标签进行定向。

4. 合理的出价策略

（1）成本控制：根据预算和转化目标，合理设置出价，避免过高或过低的出价影响投放效果。

（2）竞价策略：根据投放效果和竞争对手的情况，灵活调整出价策略。

5. 优化投放时间

（1）用户活跃时间：分析目标受众的活跃时间，选择在用户活跃度较高的时段进行投放。

（2）避免高峰竞争：避开广告竞争激烈的时段，以获得更高的广告展示机会。

6. 测试和优化

（1）A/B 测试：进行 A/B 测试，比较不同视频内容、投放目标、人群定向和出价策略的效果。

（2）数据监控：持续监控投放数据，如曝光量、点击率、转化率等，根据数据反馈进行优化。

7. 利用互动元素

（1）评论互动：鼓励用户在视频下方留言，及时回复用户评论，增加互动性。

（2）挑战或活动：发起挑战或活动，提高用户参与度和视频的传播力。

8. 落地页优化

（1）相关性：确保落地页内容与视频和广告创意紧密相关。

（2）用户体验：优化落地页的加载速度和导航，提高用户体验。

9. 跟踪和分析

（1）转化跟踪：设置转化跟踪，了解用户在落地页的行为，包括注册、购买等。

（2）ROI 分析：计算投资回报率（ROI），评估 DOU+ 投放的经济效益。

二、新账号需要准备多少钱的DOU+预算？

DOU+ 只是锦上添花，而非雪中送炭。也就是说，如果账号作品的质量本身不达标，那么再怎么投入都很难起号。所以归根结蒂，账号内容质量越好，DOU+ 投放的费用就会越低。

正常情况下，竞争力度比较大的领域一般要准备 5000～6000 元左右的 DOU+ 预算。一般竞争力的领域，也需要准备 2000～3000 的 DOU+ 预算。而对于一些竞争压力小，用户需求量大的蓝海领域，往往在作品质量足够好的情况下，甚至不需要投放 DOU+ 也能轻松起号。

三、DOU+投放错了，怎么停止？

把作品的状态从"公开"设置为"私密"，DOU+ 的投放就会停止，金额也会返回账户，然后将作品再设置为公开就可以了。